Seit Manuel Andrack in seinen erfolgreichen Büchern über das Neue Wandern aufklärt, ist das Laufen durch Wälder und Mittelgebirge nicht mehr spießig. Aber was ist eigentlich die perfekte Wanderung? Der Weg, der alle Sinne anregt und uns fit und gesund hält? Der Anblick einer lieblichen Landschaft oder doch eher die Einkehr ins Wirtshaus? Wandern ist kein Überraschungsei, denn die Promenadologen erforschen es ebenso akribisch wie andere das Genom. Mediziner empfehlen es sehr – wenn es in Maßen geschieht. Doch daran halten sich längst nicht alle: Es gibt Extremwanderer, die 82 Kilometer am Stück gehen. Bis auf diese Ausnahme war Manuel Andrack aber auf »normalen Wegen« unterwegs, immer auf der Suche nach dem Glück der perfekten Wanderung. In diesem Buch verrät er uns, wie wir es finden.

Manuel Andrack, geboren 1965 in Köln. Von 1995 bis 2008 Redaktionsleiter bei der Harald Schmidt Show. Gekrönt wurde diese Tätigkeit durch den Deutschen Fernsehpreis 2001 und 2003. Seit 2004 publiziert er Bücher zum Thema Wandern, 1. FC Köln, Punk Rock und Ahnenforschung. Er ist Autor unter anderem für *Die Zeit* und den Stern wie auch Autor und Moderator beim Saarländischen Rundfunk.

Manuel Andrack

DAS NEUE WANDERN

Unterwegs auf der Suche nach dem Glück

Berliner Taschenbuch Verlag

Für Maja

Februar 2011
2. Auflage Februar 2011
© 2011 BV Berlin Verlag GmbH, Berlin
© Alle Karten, Zeichnungen und Fotos 2011 Manuel Andrack außer
© Karten S. 66, 67 Kartographie Muggenthaler, Regen
© Fotos S. 114, 118, 119 Anne Schönharting
© Fotos S. 183, 184, 186, 187 Matthias Jung
© Fotos S. 223, 247 Martin Kunze
Alle Rechte vorbehalten
Umschlaggestaltung: Rothfos & Gabler, Hamburg,
unter Verwendung einer Fotografie von Martin Kunze
Typographie: Andrea Engel, Berlin
Gesetzt aus Bembo von Greiner & Reichel, Köln
Druck und Bindung: CPI – Clausen & Bosse, Leck
Printed in Germany
ISBN 978-3-8333-0713-3

www.berlinverlage.de

Inhalt

Vorwort 7

Wandern extrem: 82 Kilometer –
schneller, höher, weiter für das Wanderglück? 13

Die neue deutsche Wandergründerzeit –
Auf der Suche nach dem perfekten Wanderweg 33

Die Planung eines Premiumwegs –
Ein Praktikumsbericht 45

Die Wanderung des Kartographen –
Mit Schneeschuhen im Bayerischen Wald 65

Der Waldsaumweg muss zum TÜV –
Ein Zertifizierungsreport 79

Die Hollen-Tour –
Nachtwanderung und Wanderolympiade 93

Grenzerfahrungen im Zittauer Gebirge 103

Unterwegs an der Unstrut –
ein neuer Wanderground 111

Ein Befehl: Wanderer,
werde Mitglied im Wanderverein! 121

Von Frühlingsplatterbsen und Wanderhandtüchern –
Unterwegs mit dem Wanderverein Oberboihingen 129

Wandern ist sehr gesund –
Aber was ist die richtige Wanderglück-Dosis? 143

Fast Fastenwandern 151

Das Neue Wandern als Geschäft 155

Wanderglück aus dem Katalog 169

Wandern in der Westsahara 175

I would walk 500 miles –
In den schottischen Highlands 189

Die Berg, die Schnaps, die Glück –
Wandern und Feiern in Mazedonien 199

Dialektik des Tourismus –
Wandern auf Mallorca 213

Wanderhauptstadt –
Eine Wanderung quer durch Paris 225

Warum Wandern glücklich macht –
Ein kurzer Ausflug in die Wanderpsychologie 241

Die Gretchenfrage des Wanderns –
Nun sag, wie hast du's mit dem Pilgern? 265

Neujahrswandern oder
Der Wanderer und die Liebe 275

Dank 279

Vorwort

Ich habe dieses Buch *Das Neue Wandern* genannt. Warum »neu«? Ist das Wandern nicht schon seit Jahrtausenden üblich? Gibt es nicht die meisten Wandervereine schon seit über 100 Jahren? Ist nicht schon der Opa jeden Sonntag mit der Kniebundhose losgewandert? Alles richtig, dennoch hat sich in den letzten Jahren einiges getan. Die Wanderer werden angeblich immer jünger, die Karohemden bleiben immer öfter im Schrank. Immer mehr Wanderer gehen ohne Wandergruppe und Wanderführer in die Wälder, Wandervereine scheinen nicht mehr zeitgemäß. Man liest davon, dass plötzlich 40 Millionen Deutsche wandern und das Wandern nicht nur gesund ist, sondern sogar glücklich macht. Einige reden sogar schon von einer neuen Gründerzeit des Wanderns. Nach den ersten Wanderwegen in den deutschen Mittelgebirgen vom Ende des 19. Jahrhunderts entstehen am Anfang des 21. Jahrhunderts zahllose neue Wege.

Aber selbst passionierte Wanderer kommen immer öfter durcheinander. Was ist ein Premiumweg, ein »Qualitätsweg Wanderbares Deutschland«, ein Prädikatsweg, eine Extratour, ein Traumpfad? Gibt es da Unterschiede oder ist es wie mit den Bio- und Ökosiegeln, dass es da einfach eine unüberschaubare Menge gibt?

Ich möchte in meinem Buch diesen Fragen nachgehen, ich möchte erzählen, was das »Neue« an diesen Wegen ist, wie sie entstehen, welche Ideen und welche Personen dahinterstecken. Wie und wo und vor allem warum das Wanderglück entsteht, von dem 80 Prozent aller Wanderer berichten. Für meinen Jugendfreund Stefan ist das ganz klar. Es gibt bei seinen Wanderungen drei Glücksmomente: beim ersten Bier nach der Wanderung, unter der Dusche nach der Tagestour – aber vor allem jenen Moment, in dem er losgeht. Ist Stefan mit diesem Glücksempfinden allein oder kann man eine Art Glücksformel aus dem Wandern ableiten?

Ich habe mit Wanderwissenschaftlern, Ärzten, Wanderverbandsfunktionären, Theologen und Leuten geredet, die mit dem Wandern gutes Geld verdienen. Und vieles gelernt, über dieses »neue Wandern«.

Bei meinen Recherchen stieß ich schnell auf eine ganz besondere Art des Wanderns, das Extremwandern. Über 200 Kilometer am Stück, wie soll das denn – im wahrsten Sinne des Wortes – gehen? Zusammen mit einem Extremwanderer habe ich das ausprobiert, in einer homöopathischen Dosis von 82 Kilometern. Ob das glücklich macht, steht auf einem anderen Blatt. Und erst recht, ob das gesund ist. Zu diesem Thema habe ich mich informiert und einiges über Fett-mach-Zellen, Wandern als Antidepressivum und Krebstherapie erfahren. Aber nicht nur das Wandern als Freizeitvergnügen boomt, sondern auch die Pilger strömen wie nie zuvor nach Santiago de Compostela. Woran das liegt, und ob es Unterschiede zwischen Wallfahrern und Pilgern gibt, habe ich in Erfahrung gebracht.

Beim Fastenwandern geht es hauptsächlich um gesu heitliche Beweggründe. Es kann aber auch durchaus bewusstseinserweiternde Komponente haben. Kann.

Um mehr über und von dem Apologeten der neuen Wandergründerzeit zu erfahren, besuchte ich den Wanderwissenschaftler Dr. Brämer in Mittelhessen. Ich habe im Prinzip an einem Grundlagenseminar in Wanderologie teilgenommen, einem sehr unterhaltsamen und lehrreichen.

Aber ich bin natürlich auch gewandert: Mit den Hollen im Sauerland, wo ich an einer Wanderolympiade teilnahm, an der Unstrut in Sachsen-Anhalt und nach Kassel bin ich gereist, zum Deutschen Wanderverband, den Lobbyisten der Wanderbewegung. Ich ließ mich davon überzeugen, in vielen Wandervereinen Mitglied zu sein. Und ich appelliere an alle Wanderer: Werdet Mitglied in einem Wanderverein! Dem Schwäbischen Albverein bin ich beigetreten, nach einer sehr vergnüglichen Wandertour an der Donau mit der Ortsgruppe Oberboihingen. Außerdem sammelte ich Grenzerfahrungen im kleinsten Mittelgebirge Deutschlands in der Nähe von Zittau.

Wenn so viele Deutsche begeistert wandern, ist das naturgemäß auch ein Wirtschaftsfaktor. Ich nehme obskure Angebote für den Outdoor-Fan unter die Lupe und erfuhr von Touristikern und Wanderreiseveranstaltern, wie viel wirtschaftliches Potenzial im neuen Wandern steckt.

Ich habe immer gesagt, dass ich ein großer Fan der oft unterschätzten deutschen Mittelgebirge bin – wie übrigens die Mehrzahl der Wanderer. Aber auch außerhalb der deutschen Grenzen gibt es schöne Mittelgebirgslandschaften zu entdecken. Ich wanderte in Mazedonien, in Schottland, auf Mallorca, quer durch Paris und in der Sahara.

Schließlich eignete ich mir ein Basiswissen über die Arbeit der neuen »Wanderwegeerfinder« an. Ich absolvierte ein Wanderweg-Planungs-Praktikum, suchte nach neuen Wegen und einem neuen Premiumweg in der Eifel. Ich informierte mich über die Arbeit eines Kartographen und war dabei – auch so etwas gibt es beim »neuen Wandern« –, als ein Wanderweg zertifiziert wurde.

Schließlich geht es in meinem Buch ans Eingemachte. Was sind genau die Glücksfaktoren beim neuen Wandern? Wie wird man wirklich glücklich? Und man kann nicht nur sein Glück auf dem Wanderweg finden, sondern – und das kann ich aus eigener Erfahrung berichten – auch seine große Liebe.

Es bleibt mir nur noch, allen »alten« und »neuen« Wanderern bei der Lektüre genauso viel Vergnügen, Glück und Erleuchtung zu wünschen, wie man es beim Wandern in der Natur erfahren kann.

Manuel Andrack
Saarbrücken, im Januar 2011

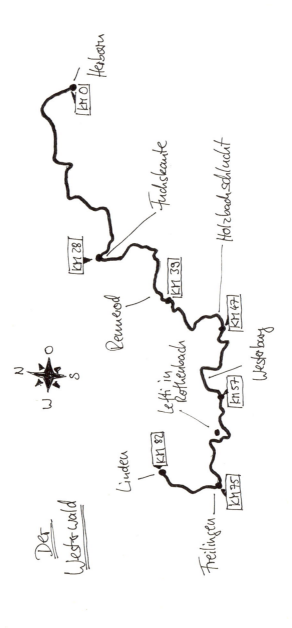

Wandern extrem: 82 Kilometer –
schneller, höher, weiter für das Wanderglück?
Mai 2010

Zunächst war es ein reines Gerücht. Da gebe es, hörte ich, jemand, der sei den Rheinsteig entlanggewandert, nicht einfach gewandert, sondern 209 Kilometer nonstop. Sein Name sei Thorsten Hoyer. Der sei auch den ganzen Rothaarsteig am Stück gegangen. Island soll er von Norden nach Süden durchquert haben, ohne Schlaf, ohne größere Pause. Aber auch ohne Drogen? Ohne Wander-Doping? Und wie trainiert man für so was? Also, er wird doch zwischendurch wenigstens kurz geschlafen haben.

Das waren also schon reichlich Fragen für ein Interview, aber immer mehr reifte in mir der Entschluss, warum eigentlich nicht einen Selbstversuch wagen. Ich stellte mir vor, dass ich Thorsten Hoyer bei einer seiner Langstreckenwanderungen begleiten und nach 40 oder 50 Kilometern, wenn es bei mir nicht mehr ging, einfach aussteigen würde. Ich nahm also Kontakt zu ihm auf und erzählte von meinem Vorhaben. Er wirkte wie ein Mensch, der weiß, was er will, und entgegnete, dass er von meinem Plan nicht viel halte, das würde mich auch um die eigentliche Erfahrung bringen. Er schlug vor, wir sollten gemeinsam starten und gemeinsam aufhören, zusammen ein Ziel definieren, ob dann daraus 80, 100, 150 Kilometer würden, egal. Schluck! Ich wies ihn dezent darauf hin, dass mein bisheriger Wanderrekord bei 51,5 Kilometern auf dem Rennsteig liegen würde. Wäre doch prima, antwortete Hoyer, dann würden wir eben die 51,5 gehen und dann noch einmal 23,5 draufpacken, dann wären wir bei 75 Kilometern. Das würde doch fürs Erste reichen. Für diese Tour veranschlagte er 20 bis 22 Stunden, es sollte um zehn Uhr morgens in Herborn im Westerwald losgehen, am nächsten Morgen kämen wir dann an unserem Ziel in Freilingen an. Damit würden wir Sonnenuntergang und -aufgang mitnehmen.

Schluck! Würde jetzt Donald Duck sagen. Schluck! Ein ambitionierter Plan. Vielleicht hätte ich deutlich machen sollen, dass meine Höchstleistung von 51,5 Kilometern schon vier Jahre zurücklag und dass ich seitdem eher kuschelige Strecken von 10 bis 25 Kilometern bevorzugt hatte. Ich musste also erst einmal das Niveau von 2006 wieder erreichen. In langen Trainingswochen mit 36 Kilometern, 47 Kilometern, 50 Kilometern steigerte ich kontinuierlich mein Tagespensum. Dazwischen immer wieder kürzere Wanderungen. Das summierte sich auf ungefähr 500 Kilometer, die ich innerhalb von vier Monaten zusammengewandert hatte. Danach fühlte ich mich einigermaßen gerüstet für das Extremwanderabenteuer.

Ich traf mich mit Thorsten Hoyer an einem Montagmorgen Anfang Mai in Herborn. Es war, wie es immer so schön heißt, deutlich zu kühl für die Jahreszeit. Der Hotelangestellte sah schon an meiner Kleidung, dass ich zu einer Wanderung aufbrechen würde. »Sie wollen bestimmt auf dem Westerwaldsteig wandern«, schloss er messerscharf. »Wie viele Etappen möchten Sie denn gehen?« – Ich verriet den Plan, 75 Kilometer zu gehen, fünf Etappen. Nach

einer Pause fragte er ungläubig nach: »... am Stück?« Klar,
am Stück. Alles andere ist doch für Anfänger, für Amateure.
Ich hatte eben eine Mission. Wir hatten eine Mission.

Thorsten Hoyer hatte ich mir klein, drahtig, extremwan-
derig vorgestellt. Allerdings war er 1,90 Meter groß, hatte
einen kräftigen Körperbau und Kurt-Cobain-hafte, blonde,
schulterlange Haare, Bart. Eher der Typ Wanderhüne. Ich
wusste direkt, der würde mich plattwandern. Doch es gab
kein Zurück.

Auf den ersten Kilometern lernten wir uns erst mal
kennen. Hoyer war gelernter Koch, hatte später lange als
Touristiker für seine Heimatregion gearbeitet, den Keller-
wald in Nordhessen. Inzwischen schreibt er Wanderführer
und ist hauptberuflich Extremwanderer. Obwohl er den
Begriff »extrem« nicht mag und es bevorzugt, von »langen Wanderungen« zu sprechen. Ich dagegen finde seine
Touren schon extrem. Angemessen wäre sogar der Begriff
»ultraextrem«.

Er hatte als »normaler« Wanderer angefangen, und wenn
er 20 Kilometer gewandert war, fühlte er sich schon als
Held. Dann kam eine alpine 24-Stunden-Wanderung mit
Hans Kammerlander. Der Extrembergsteiger geht jeden
Sommer mit zahlreichen Teilnehmern in den Dolomiten
einmal rund um die Uhr 55 Kilometer mit beeindru-
ckenden 4000 Höhenmetern. Nach einer noch härteren
36-Stunden-Tour mit Kammerlander versuchte Hoyer
dann, auf seinem heimatlichen Kellersteig 156 Kilometer
am Stück zu laufen, für die letzten zehn Kilometer brauchte
er vier Stunden, inklusive geschwollener Füße und abge-
löster Fußnägel. Die 220 Kilometer auf dem Rothaars

in 54 Stunden liefen schon besser, auch die 209 Kilometer auf dem Rheinsteig waren nicht mehr so verheerend für seine Gesundheit. Obwohl, ganz zufrieden war er nicht gewesen, weil er sich eigentlich 220 Kilometer vorgenommen hatte. Er hatte einfach im Dauerregen schlappgemacht. Und als ihn seine Frau abgeholt hatte, legte er sich nur noch im Kofferraum ihres Kombis auf die Isomatte und schlief sofort ein. Aber die Zehennägel blieben dran. Für die 209 Rheinsteig-Kilometer hatte er 52 Stunden gebraucht, das entsprach einer WDG (Wanderdurchschnittsgeschwindig-keit) inklusive Pausen von 4 Stundenkilometern, und das bei den heftigen Höhenmetern des Rheinsteigs. Schluck!

Nach unseren ersten elf Kilometern und einem Stunden-mittel deutlich über fünf Stundenkilometern, hatte ich das Gefühl, dass die 75 Kilometer, die wir geplant hatten, doch vielleicht etwas zu, wie soll ich sagen, unambitioniert waren. Ich fühlte mich fit für eine Wanderung im deutlich dreistelligen Bereich. Hoyer erzählte mir auf den nächsten Kilometern von der Natur auf seinen Wanderungen und versicherte mir glaubhaft, dass er nicht nur Meilen runter-reißen würde. Manchmal würde er sich auch 15 Minuten ins Gras unter einen Baum setzen und an einem sonnigen Tag das Lichtspiel in den Blättern genießen. Denn: Eine lange Wanderung würde die Sinne unheimlich schärfen, vor allem nachts. Was man dann hören und riechen würde, wäre enorm. Als er Island durchquerte (215 Kilometer in knapp 55 Stunden), sah er in der zweiten Nacht sogar einen Troll. Ich schaute Hoyer lange an. Ob es sich bei dem Fabel-wesen um eine Sinnesschärfung oder -trübung handelte, war mir nicht so recht klar. Das hörte sich doch eher nach

Halluzination an. Und die Frage nach den Drogen war ja noch offen. Zwei Nächte schlaflos durchwandern, ob das alles mit rechten Dingen zuging?

Für Hoyer waren unsere 75 Kilometer natürlich nur ein kleiner Sprint, eine Trainingseinheit für kommende Projekte, extra vorbereitet hatte er sich nicht auf den Westerwaldsteig. Für den Sommer 2010 hatte er sich eine Alpenüberquerung von Oberstdorf nach Meran vorgenommen, insgesamt 140 Kilometer mit 13 000 Höhenmetern. Schluck!

Immerhin, Hoyer sucht sich neue Ziele, Strecken und Herausforderungen. Es gibt andere Extremwanderer, die einfach den gleichen Weg gehen. So wie Benno Schmidt, genannt Brocken-Benno. Seit der Wende geht er jeden Tag bis zu fünf Mal, der Spitzname lässt es ahnen, auf den Brocken. Wer schon mal dort oben war, könnte denken, hm, einmal reicht eigentlich auch. Nein, Brocken-Benno war schon über 6000 Mal auf dem Brocken. Das entspricht über 90 000 Kilometern. Seine Motivation? Er wollte den Rekord von Brocken-Willi aus dem Jahr 1941 knacken. Der war 650 Mal auf den Brocken gestiegen. Jetzt dürfte Benno den Rekord wohl für alle Zeiten sicherhaben.

Nach 20 Kilometern auf dem Westerwaldsteig mit Thorsten Hoyer war ich euphorisch. Das ging doch alles wunderbar. Das Wetter war okay, nicht zu warm, alle Körperfunktionen waren intakt. Es irritierte mich, dass Hoyer bei den wenigen Aufstiegen im Westerwald mit verschränkten Armen ging. Das sah etwas bockig aus, der Amateurpsychologe spricht bei dieser Armhaltung von »Verweigerungshaltung«. Aber Hoyer hatte sich das während eines Aufenthalts in Tibet bei den Sherpas abgeschaut. Das sei die ideale Haltung, um bergan zu wandern. Ich probierte das auch aus, Sherpas müssen ja eigentlich wissen, wie man bergan geht. Aber richtig gefallen hat mir das nicht, die Anstiege im Westerwald würde ich also schaffen, ohne auszusehen wie ein schmollendes Kleinkind.

Lernen von den Sherpas

Um 15.45 Uhr, nach 28 Kilometern, erwischte uns ein Regenguss Marke »Es-regnet-junge-Hunde-und-Katzen«. Nicht schlimm, es waren nur noch wenige Minuten zur Fuchskaute, der höchsten Erhebung des Westerwaldes mit 657 Metern. Und dort findet sich das gleichnamige Hotel und Restaurant, das zu jenen Hotels gehört, die sich wirklich darüber Gedanken gemacht haben, was ein Wanderer braucht. Die Öffnungszeiten von 7 bis 23 Uhr täglich sind perfekt. Durchgehend gibt es etwas zu essen und zu trinken. Und auch große Wandergruppen finden hier immer einen Platz. So saßen wir in der »Fuchskaute« und ließen unsere nassen Hosen trocknen. Hoyer trank massenweise Malzbier, obwohl er kurz vor der Einkehr erzählt hatte, das hätte bei ihm schon wahnsinnige Blähungen ausgelöst. Draußen regnete es weiter. Irgendwann war aber der Aufbruch unvermeidlich, und Hoyer killte meine Stimmungslage komplett mit den Worten: »Ich denke, ich muss meine Regenhose anziehen.« Klar, er hatte eine Regenhose dabei und ich natürlich nicht. Da schwitzt man ja immer so drin, ist meine liebste Ausrede, das Ding nicht mitzunehmen.

Also fragte ich an der Theke nach einem Leihschirm. Ich bekam einen großen schwarzen Schirm mit dem Aufdruck einer Anwaltskanzlei in Herborn unter der Auflage, ihn am nächsten Morgen unbedingt wiederzubringen. Ich log, dass ich das auf jeden Fall tun würde, war mir aber eigentlich nicht sicher, ob ich das Versprechen nach einer durchwanderten Nacht wirklich einlösen würde.

Nach der Fuchskaute ging es ganz leicht bergab. Wir unterhielten uns über »bergab gehen«. Auch für den Extremwanderer – Entschuldigung – Langwanderer Hoyer war das Abwärtsgehen das Unangenehmste. Es bedeutete die meisten Schmerzen, die meisten Verletzungen. Aber das war im sanfthügeligen Profil des Westerwalds überhaupt kein Problem. Und auch der Regen ließ nach. Regenschirm-Voodoo nenne ich das, hat man ihn nicht dabei, regnet es stundenlang, hat man ihn mit, hört es auf.

Wir unterhielten uns über Wanderernährung und Ideal-gewicht. Hoyer hatte im Winter vor unserer gemeinsamen Wanderung 100 Kilo gewogen, jetzt war er auf 95 runter. Wahrscheinlich würde er zwei Kilo bei unserer Wanderung abnehmen. Klar, er hatte ja auch nur ein Päckchen mit Nüssen dabei, aus dem er sich höchst selten etwas herausnahm. Ich dagegen verspürte permanent Hunger, die Maschine brauchte Brennstoff. Ich verspeiste während der Wanderung eine Käselaugenstange, ein Wurstbrot, eine Zwiebelsuppe (auf der Fuchskaute), eine Banane, drei Powerriegel und eine Tafel Schokolade. Das hört sich nicht nach zwei Kilo weniger an. Wichtig war, während der Tour keinen Alko-hol zu trinken. Bei einer »normalen« Wanderung hätte ich mit Sicherheit bei der Einkehr in der »Fuchskaute« zwei Weizen getrunken. Gehörte doch irgendwie dazu, oder? Fand natürlich auch Hoyer, der leidenschaftlicher Bier-trinker ist. Aber er versprach, für das Belohnungsbier nach der Tour wäre gesorgt, seine Frau hätte schon Weizenbier kalt gestellt, das wir dann am frühen Morgen genießen könnten. Etwas ungewöhnliche Zeit, zugegeben, aber, so Hoyer: »Bier ist wichtig, wenn es das nicht geben würde, würde etwas fehlen.« Eine sehr verlockende Aussicht, ein Ziel, das mich durch die Nacht tragen würde. Schluck, schluck!

Wir näherten uns Rennerod an einer alten Bahntrasse. Am Rand des Weges standen wunderbar bemooste Bäume, die mit ihren Ästen nach uns zu greifen schienen, aber wir waren viel zu schnell unterwegs, ätsch. Ich hatte 2008 einen Wanderführer aus Rennerod kennengelernt. Ich dachte zunächst, er wäre ein, nun ja, früher sagte man Besatzerkind. Denn der amerikanische Zungenschlag war unverkennbar. Uenneroad, so hörte sich bei ihm »Rennerod« an. Es handelte sich aber einfach um den Uenneroader Dialekt. Der Weg durch Uenneroad zog sich, wenn man am Bahnhof von Uenneroad ist, ist man noch lange nicht im Ort. Dafür roch es direkt hinter dem Bahnhof streng, extrem streng. Hoyer nahm Witterung auf. »Wildschweine«, urteilte er knapp. Hatte er Waffen dabei? Stumm zeigte er mir seine riesigen Pranken und fletschte die Zähne.

Die nächste Pause machten wir oberhalb von Uenneroad nach 39 Kilometern um 19.15 Uhr. Ich spürte meine Beine deutlich, dehnte mich, und mit einer gewissen Genugtuung sah ich, dass auch Hoyer seine Beine massierte. Es war beruhigend zu sehen, dass er kein Wanderroboter war, sondern anscheinend auch die bisher gegangenen Kilometer spürte. Mit den Armen in den Hüften versuchte ich etwas Gymnastik zu machen, weil der Rücken wehtat. Hatte ich zu schwer gepackt? Eigentlich nicht. Das Hauptgewicht machten die drei Liter Wasser aus, die waren notwendig. Beim Gewicht des Gepäcks gibt es unterschiedliche Schulen: die Ultra-leicht-Anhänger und die nochmals gesteigerte SUL-Bewegung (super-ultra-leicht) und die XUL-Richtung (extrem-ultra-leicht). Die Ultra-leicht-

Bewegten schwören darauf, jedes unnötige Gramm zu sparen. Da wird bei Zahnbürsten der Griff abgesägt und statt der Zahnpastatube die benötigte Zahnpasta auf Alufolie aufgetragen. Es werden die Beine rasiert (bringt bestimmt dreieinhalb Gramm Beinhaargewicht weniger), statt einem Frühstück gibt es eine Koffeintablette mit Wasser, und der Ehering bleibt auch zu Hause. An dem kann man ja schwer tragen. Ganz wichtig beim Ultra-leicht-Wandern: Man verzichtet auf Wanderschuhe, die 1000 Gramm wiegen, und trägt stattdessen 350 Gramm schwere Sportschuhe. Es gibt unter den Light-Enthusiasten die Faustformel: Jedes Pfund am Fuß entspricht bei einer Bergtour fünf Pfund am Rücken. Was das betrifft, war ich, wie es so schön heißt, optimal aufgestellt. Meine Joggingschuhe ließen mich das Gewicht auf dem Rücken kaum spüren. Aber warum tat er dann bloß weh?

Wir gingen weiter durch einen Wald, der nach starken Regenfällen so grell neongrün leuchtete, dass akuter Augen-Tinnitus drohte. Hoyer versuchte, mich auf die Nacht einzustimmen. »So eine durchwanderte Nacht kann sich ganz schön ziehen«, plauderte er aus dem Wandernähkästchen, »vor allem die Zeit nach Mitternacht wird hart.« Das war genau das, was ich nicht hatte hören wollen. Er merkte, dass er psychologisch nicht sehr geschickt gewesen war. Schnell verbesserte er sich. »So eine durchwanderte Nacht kann auch ganz schön schnell verfliegen, die Sinne werden ja wahnsinnig geschärft.« Ich glaubte ihm kein Wort. Wahr schien aber die Geschichte, die er von seinem Kumpel Dieter erzählte. Beide unternahmen eine Tour auf dem Rothaarsteig, als sich bei Dieter in der zweiten

Nacht wegen des Schlafentzugs eine Persönlichk[e]
änderung bemerkbar machte. Er fing immerzu St
legte sich wie ein Kleinkind auf den geschotterten Weg
und wollte nicht mehr weitergehen. Schließlich trennten
sich die beiden auch noch, weil Dieter darauf bestand, den
richtigen Pfad zu kennen. Hoyer kam ans Ziel und schickte Suchtrupps los. Als sie Dieter fanden, war er auf einer
Bank eingeschlafen und hatte keine Erinnerungen mehr
an die vorangegangene Nacht. Ich sah mich auch vom
Wander-Jekyll zum Hydeschen Nachtmonster mutieren.
Die Härchen auf meinem Handrücken fingen schon an zu
kribbeln.

Am Ende der romantischen Holzbachschlucht sammelten
wir Kräfte für die Nachtwanderung. Es war 21 Uhr, ein
Rest Dämmerlicht schien durch die hohen Fichten. 47
Kilometer lagen hinter uns, wir waren bisher wahnsinnig
schnell gewesen. Wir rechneten. Selbst wenn man bedachte,
dass wir in der Nacht sehr langsam vorankommen würden,
wären wir schon um fünf Uhr morgens in Freilingen,
unserem geplanten Zielort. Das hieß aber: Kein Sonnenaufgang, und Hoyers Frau konnten wir auch nicht zumuten,
uns mitten in der Nacht abzuholen. Also beschlossen wir,
bis Linden an der Westerwälder Seenplatte zu verlängern.
Noch 35 Kilometer. Insgesamt 82 Kilometer. Warum nicht?
Wir waren ja nicht zum Spaß hier. Wenn, dann auch richtig.
Hoyer gab sich den letzten Kick für die Nacht mit einem
Becher Zitronenbuttermilch. Anscheinend hatte er wirklich keine anderen Drogen dabei. Er legte die Stirnlampe
an, denn eine Markierung in der Nacht zu verpassen, wäre
fatal. Bloß keine Umwege, das war entscheidend beim

Extremwandern. Und noch etwas gab er mir mit auf den Weg: Ich sollte es mir bei den kommenden Pausen auf einer Bank nicht zu bequem machen. So etwas wie Power-Napping gäbe es bei einer langen Wanderung nicht. Ich würde sonst sofort einschlafen oder mich unnötig beim Aufwachen und Weitergehen quälen. Ich sah allerdings bei Temperaturen von zwei Grad über null keine große Gefahr, mich auf eine Holzbank zu kuscheln.

Ich empfand die Umstellung vom Gehen im Hellen zur Nachtwanderung als brutal. Als hätten uns die Strecken-planer des Westerwaldsteigs ärgern wollen, änderten sich auf den ersten Nachtkilometern ständig die Richtung und der Untergrund. Es ging über feuchte Wiesen, dann über Wurzelpfade. Hoyers Stirnlampe machte mich wahnsinnig. Mal schaute er auf den Boden, um zu sehen, worauf er trat, dann zu den Bäumen, um die nächste Markierung zu erhaschen, dann in die Ferne, um die Biegung des Weges zu sehen. Ich konnte doch nicht immer dahin schauen, wo er den Kopf hindrehte. Mir wurde speiübel. Um mich zu ärgern, machte er dann noch kreisende Bewegungen mit dem Kopf. Ich fühlte mich wanderseekrank und holte meine eigene kleine Stablampe hervor, die ich für meine Wüstenwanderung gekauft hatte (siehe das Kapitel »Wandern in der Westsahara«). Die war zwar nur ein mildes Funzellicht gegen Hoyers Intensivstrahler, aber sie machte mich doch lichttechnisch etwas autonomer.

Wenn wir durch eine Ortschaft gingen, konnten wir die Lampen ausstellen. Es gab Straßenlaternen, die Licht spendeten. Und auch die Hausbesitzer hatten ein Herz für Extremwanderer. Uns begleiteten die fröhlichen Bewegungsmelder, die die Eingangslampen der Einfamilienhäuser anspringen ließen. Eigentlich hätte ich erwartet, dass vielleicht ein misstrauischer Westerwälder hinter seinen Gardinen mal nachschaut, welche obskuren Typen dort an seinem Haus vorbeischleichen. Der Filmemacher Werner Herzog, der auch gerne und viel wandert, erzählte kürzlich in einem Interview, dass man sich in Los Angeles, wo er wohnt, als Fußgänger automatisch verdächtig mache. Dann fahre der Polizeiwagen langsam neben einem her und die Cops fragten, ob man ein Problem habe. Hoyer und ich hatten weder Kontakt zur Bevölkerung noch zu Polizeibeamten.

Hinter der Stadt Westerburg verordnete Hoyer zehn Minuten Pause. Ich war froh, hätte mir aber nicht die Blöße gegeben, selber eine einzufordern. Es war kurz nach Mitternacht, der Schnitt sank, 57 Kilometer waren gewandert. Ein neuer persönlicher Rekord. Aber immer noch lag mehr als die halbe Nacht vor uns. Und so richtig Spaß machte das Ganze auch nicht mehr. Gegen elf Uhr hatte ich noch ein kurzes euphorisches Hoch erlebt, jetzt regierte platte Dumpfheit. Immerhin, positiv zu erwähnen, was es alles nicht gab: Es regnete nicht, ich hatte mir keine Blasen gelaufen, ich hatte keine Knie- oder sonstige Gelenkschmerzen. Nur die Beine wurden etwas steif, die Muskeln hart, eine Massage wäre jetzt nicht schlecht gewesen. Hoyer beruhigte mich und erklärte mir, was gerade in meinen Muskeln passierte, ein Arzt hätte es ihm einmal erklärt. In den Muskelsträngen gäbe es kleine Gefäße, die bei großer Anstrengung reißen würden, die würden sich aber regenerieren. Tolle Vorstellung, mit ständig reißenden Muskelgefäßen zu wandern.

Weiter ging es durch den Wald, Äste peitschten mir ins Gesicht. Doofe Idee, so eine Nonstop-Wanderung. Man hat ja nun mal, bei Licht (ha, ha!) betrachtet, überhaupt keine Chance, so ein Ding in der Nacht abzubrechen. Keiner holt einen ab, im Zweifelsfall ist kein Ort in der Nähe, geschweige denn eine geöffnete Herberge. Das Ganze hatte das Zeug, zum Wander-Blair-Witch-Project zu werden. Gefunden werden neben unseren Leichen nur ein digitales Aufnahmegerät und ein Fotoapparat, womit man das Geschehen rekonstruieren kann.

Um Viertel nach eins schon die nächste Pause, mehr als eine Stunde am Stück schaffte ich nicht mehr. Ein Hoffnungsschimmer: Die Nacht war halb durch. Der Gedanke an Vogellärm und wieder etwas Licht richtete mich auf. Hoyer erzählte von Märschen. Marsch ist ein weiterer Ausdruck für die extremen, die langen Wanderungen. Wer einmal bei der Bundeswehr war, kennt sich mit Märschen bestens aus. Der Hollenmarsch zum Beispiel mit 101 Kilometern zählt dazu (siehe das Kapitel »Die Hollen-Tour«). Hoyer war 2008 auch einmal dabei gewesen, 70 Leute marschierten mit. Einige junge 18-Jährige in Armeeklamotten mussten ihrem rasanten Anfangstempo Tribut zollen und gaben nach 16 Kilometern auf. Es gibt wohl eine richtige »Marsch-Community«, viele Belgier sind bei jeder Veranstaltung europaweit dabei. Bei diesen Märschen geht es nicht um tolle Landschaften und Naturgenuss, sondern knallhart um Bestzeiten. Die schnellsten brauchen 15 bis 16 Stunden für die 101 Kilometer. Ein Wahnsinn.

Ein Schild am Wegesrand amüsierte uns. »Lefti«, ein griechisches Restaurant in Rothenbach, lockte mit einem Westerwaldsteigstempel für unser nicht vorhandenes Westerwaldsteigstempelbuch. Wer wohl so blöd sei, fragten wir uns, für den doofen Stempel einen Umweg ins Dorf Rothenbach zu »Lefti« zu machen. Immerhin waren **wir** blöd genug, wegen des Schildes eine entscheidende Markierung zu übersehen und marschierten ins Dorf hinunter, an »Leftis« Biergarten vorbei. Um halb drei in der Nacht hatte der Laden nicht auf. Wir überlegten kurz, beim Griechen zu klingeln und nach dem Stempel zu fragen, ließen es aber doch. Kurze Zeit später fanden wir unseren Weg wieder, aber Hoyer wurde ernsthaft sauer, weil wir von diesem verfluchten Ort Rothenbach nicht wegkamen. Die Wegeführung schien uns immer wieder zum Dorf zurückzuführen. Ich merkte inzwischen, dass sich meine Laune deutlich verschlechterte. Ich wurde einsilbig, antwortete nur kurz auf Hoyers Fragen. Mir ging Hoyer auf den Senkel, weil er ständig über seine Sponsoren sprach. Zum Beginn der Wanderung hatte er mir seinen neuesten Wanderführer über das Müllerthal in Luxemburg in die Hand gedrückt. Das war okay. Dann noch ein paar Wandersocken, für die er Werbung macht, das war auch noch in Ordnung, Socken kann man immer gebrauchen. Später erzählte er mir ständig von seinen tollen Wanderschuhen, für die er auch Werbeträger war. Und im Dunkeln erwähnte er alle zwei Minuten den Namen seiner extrastarken Stirnlampe, die ihm die Firma Gigalux zur Verfügung stellte. Ich kam mir vor wie auf einer Wanderbutterfahrt.

Hoyer sah, dass ich litt, steckte mir ein Kaffeebonbon zu. Schmeckte und wirkte wie ein kleiner Espresso, half aber höchstens fünf Minuten. Ab drei Uhr kam der Mann mit dem Hammer zu mir, besser gesagt das Sandmännchen.

Egal, Gedanken ausschalten, nur noch gehen, dachte ich mir, oder dachte es vielmehr nicht, ich hatte ja die Gedanken ausgeschaltet. Um halb fünf sah ich das erste Mal den dreiviertelvollen Mond, der alte Angsthase hatte sich die ganze Nacht über versteckt. Um kurz vor fünf hörte ich die ersten Vögel. Das war schön, gleichzeitig war ich aber sauer, dass sie erst jetzt loslegten zu zwitschern. Bei einer Wanderung im Saarland hatte ich mal eine Vogeluhr gesehen und wusste, dass ein ordentlicher Buchfink um vier Uhr, ein Kuckuck um halb vier und ein Rotkehlchen sich sogar schon um zehn nach drei ans Trillern macht.

In der langsam zu Ende gehenden Nacht hatte man öfter ein aufgeschrecktes Flattern in den Zweigen direkt über uns gehört, wenn wir die Vögel geweckt hatten. Tiere hatten wir einige gesehen. In der Dämmerung eine Wildente und eine Wildgans, in der Holzbachschlucht einen Marder, was wohl selten ist. Auf einer Weide kauerten zwei Rehe und versuchten dem supi-dupi-starken Licht von Hoyers Stirnlampe von Gigalux zu entgehen. Dann sahen wir natürlich Kühe und Pferde auf ihren Weiden und eine Kröte auf dem Weg, die sich in aggressive Angriffsstellung begeben hatte. Wir nahmen den Kampf allerdings nicht an.

Um halb sechs machte Hoyer seine Stirnlampe von Gigalux aus. Das war schön, ich atmete auf und durch. Dann machte der Westerwaldsteig noch eine Schleife zu einem sogenannten Postweiher, eine unnötige Schleife, die in dieser Form nicht auf der Wanderkarte stand. Ich hätte schreien können. Aber es war mir eh alles wurscht. Ich rechnete gar nicht mehr in Kilometern, sondern in Stunden, die wir noch brauchen würden, um den Ort Linden zu erreichen. Da konnte man sich meinethalben auch am Postweiher niederlassen und den Lärm der Bundesstraße sowie das blaue Licht über dem Wasser genießen. Anschließend marschierten wir an der Westerwälder Seenplatte in der Nähe des Ortes Dreifelden vorbei. Ich bemerkte, dass Hoyer sehr unrund lief, als hätte er große Schmerzen. Ich blieb an jedem blöden Infoschild am Uferrand stehen, das ich bei einer normalen Wanderung komplett ignoriert hätte. Hauptsache, kurze Entspannung. Hoyer sagte, das lange Wandern wäre alles eine Kopfsache. Wenn wir wüssten, dass wir noch 20 Kilometer gehen müssten, würden wir das auch problemlos schaffen, da wir aber nur noch drei Kilometer vor uns hätten, würde es sich ziehen. Noch 20 Kilometer gehen, sollte kein Problem sein? Ich glaubte ihm kein Wort. Zwischen Dreifelden und Linden schlängelte sich der Pfad an einem Bach entlang, in einiger Entfernung die Bundesstraße. Hoyer glaubte, den grünen Kombi seiner Frau gesehen zu haben. Ich fragte ihn, ob denn auch ein Troll auf dem Beifahrersitz gesessen hätte. Ich wusste, der Arme hatte schon wieder Halluzinationen. Um Viertel nach sieben kamen wir in Linden an. Ich war zu müde, um zu jubeln. Bei zwei Grad plus und nassen Füßen schlief ich sitzend auf einer Bank an der freiwilligen Feuerwehr Linden ein. Mein letzter Gedanke war, dass die folgende Lungenentzündung mein sicherer Tod sein würde. Um Viertel nach acht weckte mich Hoyer mit einem Weizenbier in der Hand. Für dich, sagte er, und strahlte mich an. So muss es im Himmel sein, dachte ich mir, und trank zügig aus.

Belohnungsbier

Fazit: Wir waren 82 Kilometer gegangen. Ich hatte meinen alten Streckenrekord mal so eben um über 30 Kilometer übertroffen. Um das einzuordnen: Laut Statistik geht der durchschnittliche deutsche Wanderer 90 Kilometer im Jahr. Das hatten wir fast in einem Rutsch weggearbeitet. Wir waren die ersten fünfeinhalb Etappen des Westerwaldsteigs gegangen, waren also das Wanderprogramm einer knappen Woche in gut 21 Stunden gelaufen. Und das Beste: Schon am Tag nach meiner Wanderung hatte ich keine Muskelschmerzen mehr, ich war blasenfrei geblieben, mir ging es großartig. Gutzahlende Manager können eine solche Tour, hat mir Butterfahrt-Hoyer aufgetragen zu schreiben, direkt bei ihm buchen. Geld würde **ich** dafür nicht zahlen. Und ich würde so eine Tour auch nicht noch einmal machen. Allein wegen des Schlafentzuges nicht. Wenn ich es recht bedenke, ist die Nonstop-Wanderung auf dem Westerwaldsteig die einzige Nacht, die ich je durchgemacht habe.

Wenn ich mir vorstelle, dass wir die Tour ursprünglich im März machen wollten, sodass die Nacht noch vier Stunden länger gewesen wäre, hätte mich das gekillt.

So lange am Stück zu wandern ist eigentlich schon toll und mit der entsprechenden Vorbereitung ist das auch möglich. Aber nie mehr möchte ich eine Nacht durchwandern. Wenn ich nur daran denke, dass der Hoyer normalerweise noch einen Tag und zusätzlich eine zweite Nacht dranhängt, wird mir schlecht. Aber ich habe einen Tages-Extremwanderplan: Man wandert rund um den längsten Tag des Jahres am 21. Juni. Die Tour würde um 3.30 Uhr starten. Dann hat man noch den Sonnenaufgang vor sich. Nach locker weggewanderten 80 Kilometern endet die Tour in der Dämmerung um 22.30 Uhr, und ohne die Power-Stirnlampe der Firma Gigalux. Eine 19-Stunden-Wanderung ohne Nacht und ohne Reue. Als ich Hoyer von der Idee erzählte, war er total begeistert und wollte mitgehen. Womöglich wird aus dem Extrem-Daylight-Marsch bald schon Realität. Schluck!

Bewertung	
Glücksfaktor	★★
Längenfaktor	★★★★★
Erlebnisfaktor	★★★★★
Abenteuerfaktor	★★★★★
Sportfaktor	★★★★★
Abwechslungsfaktor	★★★
Grenzerfahrungsfaktor	★★★★★

Die neue deutsche Wandergründerzeit –
Auf der Suche nach dem perfekten Wanderweg

Wenn es um das Neue Wandern geht, um Wanderboom und Premiumwege, ist mir in den letzten Jahren immer wieder ein Name begegnet: Doktor Rainer Brämer, der Gründer des Deutschen Wanderinstituts, Wanderwissenschaftler, der Wanderprofessor, der Wanderguru.

Und wie andere Gurus spaltet auch Dr. Brämer die Wandergemeinde. Die einen folgen ihm wie dem neuen Messias, für andere wiederum ist er bereits so etwas wie der Wander-Beelzebub. Ich wollte Dr. Brämer kennenlernen und fuhr nach Mittelhessen, in die Gegend zwischen Marburg und Gießen.

Ich kam in eine verschneite Mittelgebirgslandschaft mit sanften Hügeln. Hier haben die Gebrüder Grimm gelebt und ihren Märchen hinterhergejagt. Gut vorstellbar, wie Dr. Brämer von hier aus einfach loswandert, so schön ist es hier.

Am Gartentor des Einfamilienhauses empfängt mich ein riesiger Hund. »Haben Sie ein Problem mit Hunden?«, fragt mich Brämer. Eigentlich nicht, denke ich, solange die Hunde kein Problem mit **mir** haben. Ich sage tapfer: »Nein, habe ich natürlich nicht.« Der Hund erweist sich als ein Rüde der zudringlichen Sorte. »Unser Kampfschmuser«, nennt ihn Brämer zärtlich.

Zum Aufwärmen bekam ich einen Tee und Dr. Brämer erzählte mir sein Leben. Er hatte oft die Disziplin gewechselt.

Brämer ist diplomierter Physiker. Ich denke: Schon wieder ein Physiker: Oskar Lafontaine, Angela Merkel, Rainer Brämer – von wegen nur Karohemden und großgemusterte Pullover. Erst wollen sie wissen, was die Natur im Innersten zusammenhält, dann werden sie Ikone der Linken, Bundeskanzlerin oder Wanderguru.

Brämer schulte später zum Sozialwissenschaftler um. Er fertigte Studien an über Gemeinsamkeiten, Unterschiede, Gefühlslagen der Deutschen beiderseits der Mauer. Der 9. November 1989 brachte ihn um seinen Job. Denn nach der Wende waren wir ein geeintes Vaterland und es gab keinen Grund mehr, zumindest von offizieller Seite, sozialwissenschaftliche Studien zur Erforschung der beiden Deutschlands anzustellen.

Brämer wurde an der Universität Marburg Studienberater und wechselte zur Naturforschung. Und heute ist er Deutschlands erster und einziger Natursoziologe, was perfekt zu seiner Leidenschaft, dem Wandern, passt.

15 Jahre lang war er Wanderführer für die VHS gewesen. Vor zwei Jahrzehnten war es noch selbstverständlich, dass geführte Wanderungen über 30, 35 und 40 Kilometer angeboten wurden. Man traf sich um kurz nach sieben, wanderte 20 Kilometer und machte um die Mittagszeit eine kurze Rast oder Einkehr. Danach ging man bis in die frühen Abendstunden weiter. Zum Problem wurde, dass sich immer weniger Leute dieses Mammutprogramm zumuten wollten. Die Teilnehmerzahlen gingen zurück, und Brämer fragte sich, woran das liegen konnte. Was will der Wanderer eigentlich, was ist des Wanderns Kern? Fragen, die Brämer als Wanderführer und Physiker unter den Fußnägeln brannten.

Da Brämer Wissenschaftler ist und es deshalb genau wissen wollte, und Wissenschaftler schnell todunglücklich werden, wenn sie ihre Ideen und Gedanken nicht auf Kongressen oder Tagungen diskutieren können, richtete Brämer 1998 den ersten Wanderkongress der Welt aus. Den Anstoß gab der Touristik-Chef der sauerländischen Gemeinde Schmallenberg, Thomas Weber. Weber spürte das Potenzial seiner Region für den Wanderer. Im Winter brummte das touristische Geschäft, aber wenn die Wiesen grün wurden und die Skilifte still standen, war es doch arg ruhig in Schmallenberg, mitten im Rothaargebirge. Rothaargebirge, wo hatten wir das denn noch mal? Am östlichen Rand von Nordrhein-Westfalen, entlang der Grenze zu Hessen im Osten und Rheinland-Pfalz im Süden, liegt dieses Mittelgebirge. Warum sollte man nicht, so Brämers Idee, einen großen, durchgehenden Weitwanderweg nach dem Vorbild des Rennsteigs in Thüringen kreieren? Dieser Rennsteig erfreut sich immerhin seit mehr als hundert Jahren stetiger und ungebrochener Beliebtheit.

Während er den Kongress vorbereitete, bemerkte Brämer, dass kaum wissenschaftliche Untersuchungen existierten, die die geheimen Wünsche und Sehnsüchte des Wanderers untersuchen. Wenn irgendetwas noch nicht erforscht ist, und sei es die Psychologie von Spülmaschinen, sollte dies schleunigst durch eine neue Studie behoben werden. Und so entstand 1998 die erste Profilstudie »Wandern«. Mit den Ergebnissen hatte niemand gerechnet. Vieles, was man jahrzehntelang geglaubt hatte, galt plötzlich nicht mehr.

Man stellte fest:

– Nur fünf Prozent der befragten Wanderer gingen gerne
über 20 Kilometer und nur vier Prozent hatten Spaß
daran, über sechs Stunden unterwegs zu sein. Es war also
kein Wunder, dass dem Wanderführer Brämer die Teilnehmer seiner endlosen Ochsentouren in Scharen davon-
liefen.

– Prinzipiell gab es kaum Wanderer, die das Wandern sportlich nahmen. Die meisten suchten Entspannung oder
Erholung. An erster Stelle stand das Naturerlebnis, nicht
das Hochleistungswandern. Das war neu: Der Wanderer
war nicht leistungsorientiert, sondern genussorientiert,
wie es in der Sprache der Soziologen heißt.

– 77 Prozent der befragten Wanderer bevorzugten das Mittelgebirge. Eigentlich hatte man immer angenommen, der
deutsche Wanderer strebe im wahrsten Sinne immer nach
Höherem: nach Dreitausendern, Viertausendern, Acht-
tausendern. In jedem Wanderer stecke ein Stück Trenker/
Kammerlander/Messner, so die Annahme. Und die Eifel,
der Bayerische Wald, die Sächsische Schweiz seien nur
Surrogate einer besseren, alpineren Welt. FALSCH! Zwei-
drittel Deutschlands sind Mittelgebirge, dort wohnen die
Menschen, und sie wandern dort auch am liebsten.

– 74 Prozent der Wanderer liebten Wald- und Wiesenpfade,
nur zwölf Prozent gingen am liebsten auf asphaltierten
wasserfesten Wegen. Das mag aus heutiger Sicht banal
klingen. Michael Sänger vom *Wandermagazin* erzählte

mir, erst Brämers Studie hätte ihm die Augen geöffnet, warum er die eine Wanderung positiv, die andere dagegen eher als negativ im Gedächtnis behalten hätte. Das Asphalt-Pfad-Verhältnis macht den Unterschied.

– Bei der Unterkunft schätzte der durchschnittliche Wanderer die naturnahe Lage von Hotels und Pensionen (74 Prozent), nur 25 Prozent lobten die Vorteile von Sauna und Schwimmbad. Auch ein klares Signal an die Gastronomen: Baut lieber die waldnahen Schänken aus, als für viel Geld in den Wellness-Bereich zu investieren.

– 80 Prozent wünschten sich gute Wegemarkierungen, nur 36 Prozent standen auf Schutzhütten, gar nur 21 Prozent auf Aussichtstürme. Als ich das las, fühlte ich mich in meiner Antipathie gegen Aussichtstürme bestätigt. Ästhetisch mehr als bedenklich, verschandeln sie die Landschaft und bieten Ausblicke, die man von einer gemütlichen Bank aus viel schöner genießen könnte. Ganz bitter sah es für die schönen Kneipp'schen Tretanlagen aus. Nur drei Prozent aller Wanderer hatten Spaß daran. Wassertreten scheint so ziemlich mega-giga-und-überhaupt-out zu sein.

Mit den Ergebnissen der Studien über das, was der »neue« Wanderer eigentlich will, gingen Brämer und Thomas Weber aus Schmallenberg daran, den Rothaarsteig zu entwickeln. Gesucht wurde ein Wanderweg, der die asphaltierten Wirtschaftswege mied, einen hohen Pfadanteil hatte, viele Aussichten (ohne Aussichtstürme) und jede Menge Naturgenuss (ohne Tretanlagen) zu bieten hatte sowie

ausgezeichnet markiert war. Als diese Art von »neuem«
Wanderweg auch noch einen Namen brauchte, sagte man
schlicht: Premiumweg. Der Rothaarsteig sollte als Wanderweg erste Sahne werden.

Und so wurde mit dem Rothaarsteig 2001 der erste sogenannte Premiumweg Deutschlands eröffnet. Natürlich
gab es vor dem Rothaarsteig zahllose andere erstklassige
Wege in Deutschland, die bedenkenlos das Siegel »Premi-
um« tragen können. Ich erwähne nur mal meinen geliebten
Lieserpfad in der Eifel. Bis zur Eröffnung des Rothaarsteigs
existierten Wanderwege entweder schon seit Menschen-
gedenken, wurden als Wirtschafts- und Gesellenwander-
wege genutzt. Oder sie waren eher zufällig »schön«, weil
ein ortskundiger Wanderwart sie angelegt hatte und wusste, wo die schönsten Täler und die besten Aussichten zu
finden sind. Der Rothaarsteig war dagegen ein Wanderweg
aus dem Reagenzglas. Natürlich war der Großteil des Steigs
bereits vorhanden und vom Sauerländischen Gebirgsver-
ein (SGV) gehegt, gepflegt und markiert worden. Hinzu
kamen jetzt gute Beschilderung, gemütliche Bänke, ein
professionelles Marketing. Niemand wusste, ob das klappen
würde, auch Brämer selbst war skeptisch – aber es funk-
tionierte. Der Rothaarsteig war ein großer Erfolg beim Pu-
blikum und deshalb auch wirtschaftlich lukrativ. Das Siegel
»Premiumweg« setzte sich durch. Wie man letztlich diese
Auszeichnung bekommt, erzähle ich später, wenn ich mit
dem Zertifizierer des Wanderinstituts unterwegs bin. Dem
Siegel »Premiumweg« folgten spezifischere Bezeichnungen:
In Hessen und im Saarland entstanden Ein-Tages-Premiumwege, die sogenannten »Extratouren«, später wurden

die Ein-Tages-Premiumwege der Osteifel »Traumpfade« getauft. Ein Traumpfad und eine Extratour sind also auch Premiumwege, aber eben als Tagestour wanderbar.

Brämer und sein Team gaben sich nicht mit den ersten Ergebnissen zufrieden, sondern führten weitere Profilstudien durch. Die Wanderwissenschaft wurde zu einem ernst zu nehmenden Forschungsbereich. Ihre Befragungen zeigten:

– Immer mehr Wanderer benutzen Wanderstöcke, vor allem Frauen lieben die »Dinger«. Nur sieben Prozent, eine Splitterpartei, finden den Stockeinsatz lächerlich. Wanderstöcke sind in der Generation 60 plus fünf Mal häufiger im Einsatz als bei der Generation unter 40 Jahren. Keinen guten Ruf haben Wanderstöcke in gebildeten Kreisen. Daraus zu folgern, je dümmer, desto mehr Stock, wäre vermessen. So etwas können nur sehr böse Menschen in die Ergebnisse hineinlesen.

– Je nach Umfrageinstitut wandern 51 bis 56 Prozent der Deutschen, also über die Hälfte. Das würde man gar nicht denken, wenn man sich in einem Einkaufszentrum umschaut. Oder sind da etwa nur die Nichtwanderer unterwegs? Die Verteilung bei den einzelnen Altersgruppen ist dann eher wie erwartet: 38 Prozent aller 20- bis 29-Jährigen geben an, regelmäßig zu wandern, aber 67 Prozent der 60- bis 69-Jährigen. Und es gibt ein Bildungsgefälle: Je besser ausgebildet, desto häufiger wird gewandert. Ich habe mal gesagt, jeder, der im Alter zwischen 15 und 30 Jahren wandert, hat einen an der Murmel. Weil er sich doch bitteschön mehr für Sex und Alkohol interessieren sollte. Stimmt aber laut Studie nicht: 2001 wanderten 54

Prozent der Studenten, 2007 waren es schon 67 Prozent. Wenn das so weitergeht, wandern in gut zehn Jahren ausnahmslos alle Studenten.

– Erstaunlicherweise finden Wanderer Mountainbiker gar nicht so schlimm. Am meisten stört sie der Müll. Und als Müll würden selbst schwer genervte Wanderer die Mountainbiker nicht bezeichnen. Wanderärgernis Nummer zwei ist der Autoverkehr. Wir sprechen hier von Jagdpächtern mit allradgetriebenen SUVs, die sich durch den Wald pflügen, als wäre es ein Kriegsgebiet. Auch längere Strecken auf Asphalt, Verkehrslärm und schlechte Markierungen stehen auf der Liste der Ärgernisse, erst danach werden Mountainbiker genannt, noch vor Reitern, Schotterwegen und Regenschauern.

– Wanderer mögen runde Sachen, also auch Rundwege. Nur zehn Prozent bevorzugen Mehrtageswanderungen. Ich persönlich bin auch kein Fan von mehrtägigen Wanderungen. Das ist mir einfach zu anstrengend. Schon der Gedanke an einen schweren Rucksack tötet meine Wandervorfreude. Und wenn ich einen längeren Urlaub habe, fahre ich immer noch – Wanderpapst hin oder her – ans Meer. Man kann es ja auch übertreiben, das mit dem Wandern. Aber Ein- oder Zwei-Tages-Touren sind natürlich jederzeit spitze und hochwillkommen.

Ich bin sehr oft in den letzten Jahren gefragt worden, ob ich lieber allein oder in Gesellschaft wandere. Meine Antwort hätte auch einem Berufspolitiker gut zu Gesicht gestanden. »Räusper, räusper, äh, mal so, mal so, das kann man nicht so genau sagen.« Die Wanderforschung hat auf diese Frage eine eindeutige Antwort: Zehn Prozent aller Wanderer gehen lieber allein, 90 Prozent bevorzugen Gesellschaft. Das ist eine definitive und stabile absolute Mehrheit für das gesellige Wandern.

Die Gründe für diesen klaren Trend erklärte mir Dr. Brämer. Entscheidend für viele sei das soziale Element. Wenn man mindestens zu zweit gehe, fühle man sich zum einen wesentlich sicherer, was gerade für Frauen ein entscheidendes Argument sei. Zum anderen baue man Nähe über Gespräche auf, man erlebe etwas gemeinsam, man schlage sich durch, auch bei schlechtem Wetter. Man bewähre sich in einer Gruppe und als Gruppe.

Die Vorteile des Plauderns beim Wandern hat Mark Twain bei seinen Wanderungen durch Deutschland so beschrieben:

»Nun liegt jedoch der wahre Reiz des Wanderns nicht im Gehen oder in der Landschaft, sondern in der Unterhaltung. Das Gehen ist gut – es schlägt den Takt für die Bewegung der Zunge; die Landschaft und die Waldesdüfte sind nützlich – sie umgeben den Wanderer mit einem unbewussten und gar nicht zudringlichen Zauber und erquicken Auge, Seele und Sinne; aber den größten Genuss gewährt die Unterhaltung. Es ist ganz gleichgültig, ob man Weisheit von sich gibt oder Blödsinn redet, in jedem Fall liegt das Hauptvergnügen im fröhlichen Wackeln der Kinnlade und im teilnehmenden Spitzen des Ohres.«

Für die Wandervereine sieht es laut Studie hingegen schlecht aus. Die meisten Wanderer reden zwar gern, aber das tun sie am liebsten mit Freunden oder der Familie. Nur 13 Prozent schätzen Wandergruppen. Bei den jüngeren Wanderern fiel das Ergebnis noch deutlicher aus: Nur noch fünf Prozent der jüngeren Wanderer signalisierten, Spaß an einer Wanderung mit einem Verein zu haben. In der Studie heißt es abschließend und mehr als deutlich: »Hier deutet sich möglicherweise das langfristige Ende der Wandervereine an, die es offenbar nicht schaffen, den veränderten sozialen Bedürfnissen der nachwachsenden Generation Rechnung zu tragen.«

Da hätten die Wandervereine auch selbst draufkommen können, denn schließlich kämpfen sie seit Jahren mit Mitgliederschwund und Überalterung. Und nach der Veröffentlichung der ersten Profilstudie 1998 begann daher eine herzerfrischende Fehde zwischen dem deutschen Wanderverband und Dr. Brämer. Auch bei der Planung für den Rothaarsteig zeigte sich die Verbandsspitze des Sauerländischen Gebirgsvereins (SGV) nicht sonderlich kooperativ. Die Argumente gegen den Steig waren intellektuell brillant: »Einen Steig hat's hier noch nie gegeben, brauchen wir nicht, haben wir noch nie gehabt.« Am Ende ist Brämer aber von den Ortsgruppen in den einzelnen Gemeinden, durch die der Steig verlaufen sollte, bei der Detailarbeit sehr unterstützt worden, was sicher dazu beigetragen hat, dass der Weg so gut wurde.

Trotz des Erfolges des Rothaarsteigs hörte der Ärger zwischen Wanderverband und Brämer nicht auf. Der Wanderverband war genervt davon, dass einfach einer daherkam und sagte: Ich gründe jetzt mal ein sogenanntes Wanderinstitut und verleihe das sogenannte Wandersiegel »Premiumweg«. Damit wurden alle Wege ohne Prädikat, und das ist die überwiegende Mehrheit, zu Wanderwegen zweiter Klasse.

Der Wanderverband reagierte mit einem eigenen Siegel: »Wanderbares Deutschland«. In einer Fuldaer Erklärung des Wanderverbands, in seiner historischen Dimension der Godesberger Erklärung der SPD gleichzusetzen, heißt es: »Es gibt nur das ›Wanderbare Deutschland Siegel‹.« Das klingt nach HSV gegen St. Pauli, Atomkraft gegen Windenergie. Kommunismus gegen Kapitalismus. Das erinnert auch an Monty Pythons »Leben des Brian«, wo die »Judäische Befreiungsfront« gegen die »Front zur Befreiung Judäas« kämpft. Einen regelrechten »Krieg« um die Zertifizierung von Wanderwegen gibt es sicherlich nur in Deutschland. Inzwischen betreiben beide Parteien eine Art Entspannungspolitik. Die heiße Phase des kalten Krieges ist vorbei.

Aber mein Interesse war geweckt. Wie plant Dr. Brämer eigentlich genau einen Wanderweg? Und was macht dann später der Zertifizierer? Wie viel Geld kann man mit dem Wandern genau verdienen und warum macht es so glücklich, wie es der Natursoziologe Brämer behauptet? Und was sagt zu dem allen überhaupt der Wanderverband? Diesen Fragen bin ich nachgegangen.

Die Planung eines Premiumwegs –
Ein Praktikumsbericht

Vorbemerkung:

Seit vielen Jahren bilde ich mich zum Wanderprofi aus. Ich wandere viel, nur in der Natur kann man etwas über das Wandern erfahren. Ich lese Bücher über das Wandern, auch das hat seinen Nutzen. Für vertiefende Studien mangelt es allerdings an einer Universität mit dem Forschungszweig der Wanderwissenschaft. Wenn ich Wandern schon nicht studieren kann, möchte ich mich wenigstens durch Praktika weiterbilden. Macht man doch heutzutage so. Also habe ich ein Praktikum bei dem Wanderwissenschaftler Dr. Brämer absolviert, in dessen Verlauf wir einzelne Abschnitte eines neuen Wanderwegs in der Eifel geplant haben.

MEIN PRAKTIKUMSBERICHT

1. Beschreibung des Praktikums

1.1. Länge des Praktikums

Ich habe das Wanderweg-Planungs-Praktikum am 6. und 7. Juli 2010 absolviert. Zwei Tage, das ist nicht sehr lang für ein ordentliches Praktikum, ich weiß. Ob das Praktikum angerechnet wird, kann ich noch nicht sagen. Es war aber intensiv und lehrreich.

1.2. Beschreibung: Eifelleiter-Projekt

Es gibt bereits viele tolle Wanderwege in der Eifel, auch einige Premiumwege. Sehr erfolgreich sind zum Beispiel jene in der Osteifel, an denen Rainer Brämer vom Deutschen Wanderinstitut entscheidend mitgearbeitet hat. Das ist genau genommen auch die Spezialität von Dr. Brämer: Ein-Tages-Touren, Tageserlebnis-Produkte, wie er das nennt. Brämer ist kein Freund von Wegen, für deren komplette Begehung man einige Wochen braucht. Das entspricht, sagt er, nicht den Wünschen der Wanderer, die am liebsten einen Tag oder maximal ein Wochenende wandern wollen.

Der Eifelsteig hat eine Gesamtlänge von 313 Kilometern und im Schnitt ist eine Tagestour dort 20 Kilometer lang. Nun soll eine Drei-Tages-Tour, die man bequem an einem langen Wochenende gehen kann, das Angebot ergänzen.

Rainer Brämer erhielt den Auftrag von den Touristikern der Verbandsgemeinden Bad Breisig, Brohltal und Adenau. Der Arbeitstitel des Projekts lautet »Eifelleiter«. Auf diesem neuen Drei-Tages-Premiumweg soll man in die Eifel hinaufsteigen können: von Bad Breisig am Rhein hinauf zur Hohen Acht, dem höchsten Berg der Eifel, dann weiter bis nach Adenau, dem Eifelstädtchen am Nürburgring, insgesamt sind das 60 Kilometer.

1.3. Meine Erwartungen

Ich habe mich etwas gewundert, dass Rainer Brämer nur zwei Tage für die Planungsreise angesetzt hatte.

Wie viel wollte der denn am Tag wandern? Denn dass wir beim Scouten direkt die »richtige« und damit schönste Route finden würden, war ja nicht zu erwarten. Oder hatte Dr. Brämer alles schon heimlich vorab erkundet? Das wäre echt gemein gewesen.

Ich habe mir vorgestellt, dass mein Praktikum mich in die Geheimnisse der Wegeplanungskünstler einführt. Ja, das sind echte Künstler für mich, die Wegeplaner. Irgendwo zwischen Landschaftsarchitekt und Natur-skulpteur. Wenn der Wanderweg, so wie er ist, nichts taugt, weil er zu breit, zu langweilig, zu asphaltiert ist, dann wird der Weg eben passend gemacht. Ich sah mich mit Brämer feldherrenmäßig auf einer Anhöhe stehen und sagen: »Der Wald dort drüben muss gefällt werden, damit wir eine schöne Aussicht auf die Hohe Acht haben. Und den Pfad, den fräsen wir hier quer durch das Strauchwerk.« Und das schreibt dann Rainer Brämer in seine Eifelleiter-Expertise und die Verbands-gemeinden schicken die Forsttruppen los.

1.4. Der Projektleiter Dr. Rainer Brämer

Die Planung der Eifelleiter sollte das annähernd hun-dertste Wegeplanungsprojekt von Dr. Brämer sein. So genau kann er das mittlerweile gar nicht mehr sagen, so viele Wege waren es in den letzten Jahren. Was genau ist so wertvoll an der Planung von Wanderwegen? Wenn ein Bäcker ein Brot backt, kann man das an-schließend kaufen, wenn ein Architekt ein Haus ent-wirft, kann man darin wohnen, wenn ein Künstler eine Skulptur schafft, kann man die erwerben. Alle sorgen für einen direkten Geldverkehr: Sie fertigen etwas an, für das andere Menschen Geld bezahlen. Wenn Herr Brämer einen neuen Wanderweg kreiert, kann man den natürlich erwandern – aber das kostet nichts. Es besteht nur die vage Hoffnung, dass der Wanderweg die Wanderer dazu verleitet, zu übernachten. Ein Wanderweg ist also ein Lockmittel, damit die Wanderer in den Betten der Hoteliers landen – es handelt sich um eine touristische Rotlicht-Geschichte und Rainer Brämer ist ihr … (Ich breche diesen Vergleich hier ab.)

Für mich ist es eine große Ehre, dass ich Dr. Brämers erster Praktikant sein darf, und ich will mich natürlich nützlich machen. Schon in Bad Breisig, bevor es überhaupt richtig losgegangen ist, schlage ich naseweis vor: Eifelleiter, diesen Projektnamen fände ich gut, sollte man da nicht ein paar Metallleitern im Verlauf des Weges einbauen, um das Leiterhafte sinnlich erfahrbar zu machen? Rainer Brämer schaute mich lange an. War der Vorschlag zu nassforsch gewesen? Er nickte bedächtig und sagte: »Bedenkenswert.« Ich atmete auf. Keinen großen Fehler gemacht, Gott sei Dank.

Warum wir nur zwei Tage für unsere Exkursion eingeplant hatten, erfuhr ich bei unserem Treffen in Bad Breisig: Brämer war die ersten Kilometer von Bad Breisig hoch in die Eifel schon abgegangen, ihn interessierten nur einzelne Abschnitte der geplanten Tour, die er noch nicht kannte. Also machten wir uns auf den Weg nach Waldorf, zehn Kilometer vom Rhein entfernt.

2. Tätigkeiten während des Praktikums

Wie soll ich das jetzt sagen, so richtig wusste ich gar nicht, was ich während meines Wegeplanungspraktikums machen sollte. Einfach nur zugucken? Oder auch »helfen«? Nur, wie »hilft« man beim »Ausforschen« eines neuen Wanderwegs, beim sogenannten Scouten? Ich war mächtig eingeschüchtert, als ich die Wanderkarte sah, die Rainer Brämer präpariert hatte. Alles war mit Markierungen in unterschiedlichen Neonfarben übersät, da hatte jemand ganze Vorarbeit geleistet.

Nach kurzer Autofahrt blickten wir über das Dorf, über Felder, zur alles überspannenden Autobahnbrücke der A 61. Ich schlug vor, diese Autobahn möglichst in einem Waldstück zu unterqueren. Dann würden die Blechlawinen zumindest von Bäumen gnädig verdeckt werden. Brämer schüttelte den Kopf, in diesem Fass wäre die Lärmbelästigung immens. Wir müssten möglichst einen Weg finden, der unter dem höchsten Punkt der Brücke entlangging, damit man wenig vom Verkehr höre. Optisch wäre das Ding nun mal in der Landschaft. Da könnten wir nichts dran ändern. Ich nahm mir vor, nicht mehr so vorlaute Grünschnabel-Vorschläge zu machen, sondern dem Meister ruhig bei der Arbeit zuzuschauen.

Wir gingen oberhalb von Waldorf auf einem Feldweg. Gesucht wurde der optimale Weg hinab ins Dorf. Drei Wege standen zur Auswahl. Eins, zwei oder drei – das kannte ich von meiner Arbeit bei der Gameshow »Geh aufs Ganze«. Doch wo lauerte der böse Zonk? Und wo der Hauptpreis? Der Weg mit der Vollniete war schnell ausgemacht. Weg eins. Breit und geschottert führte er bräsig ins Dorf. Weg Nummer zwei war dann ein schöner Wiesenweg, den fand Brämer ganz entzückend. Weg drei war zwar ebenfalls ein Schotterweg, führte aber an einem Wildgehege vorbei. Ich war begeistert, Brämer skeptisch. Als uns dann ein Reh bambihaft mit langen Wimpern anschaute, wurde auch Dr. Brämer weich. Entschieden war noch nichts, es war ja noch die Planungsphase, man konnte die Wegealternativen zwei und drei guten Gewissens anbieten.

Wir gingen durch Waldorf, und Rainer Brämer war zufrieden. Es handelte sich nämlich um einen ausnehmend schönen Ort: mit romantischen Bachläufen, einem kleinen Hühnerhof, einer Gaststätte, einer Bäckerei, einem Hofladen. Sehr schön, premiumwegwürdig. Wir waren froh, denn es gibt genug Orte in den deutschen Mittelgebirgen, die so grässlich sind, dass man einen Premiumwanderweg besser so legt, dass er an dem Dorf vorbeiführt. Trotzdem ist Brämer in Waldorf nicht ganz zufrieden. Er murmelt vor sich hin: »Das ist ja ärgerlich.« Ich habe nie herausgefunden, was er damit meinte.

Hinter Waldorf musste eine viel befahrene Landstraße überquert werden. »Sehr gefährliche Stelle«, überlegte Rainer Brämer laut. Vielleicht sollte man hier einen neuen Weg am Straßenrand anlegen, eine kleine Brücke über einen Bach bauen, um dann an einer sicheren Stelle die Überquerung der Landstraße zu ermöglichen. Ich war begeistert. Das war doch mal ein kleines Projekt zur Wegegestaltung, ich sah Bagger und emsige Arbeiter vor mir. Da würde etwas für die Ewigkeit entstehen. Leider entdeckten wir dann doch einen Wirtschaftsweg an einer Obstplantage, der den Ort und damit die Gefahrenstelle umging. Der eignete sich für die Eifelleiter. Schade, ich hätte so gerne Bob, der Wegebaumeister gespielt.

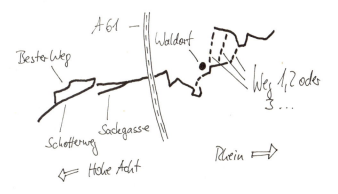

Das Vinxtbachtal bergan führte uns unter der Autobahnbrücke hindurch. Obwohl sich die holländischen LKWs über die Brücke schoben, war vom Lärm kaum etwas zu hören. Dr. Brämer hatte recht gehabt. Der Meister wurde allerdings langsam etwas grämlich. Zu viel Schotter. Kein Geld, sondern diese großen Steine, die auf Dauer beim Wandern nerven. Wir probierten einen Weg durch ein grünes Seitental im Süden aus, der an einem Stacheldraht endete. Wieder zurück, wieder Schotter. Wir probierten die nächste Wegealternative Richtung Norden und hatten Erfolg. Hier hatte man eine Aussicht auf eine Felsenformation. Wir schauten in unseren Karten nach. Die Steinriesen waren tatsächlich namenlos, hießen nicht Vinxtley oder Stolzfelsen oder Graue Jungfrau, Namen, auf die normalerweise stolze Felseltern ihre Felssprösslinge taufen. Ich schlug unbescheiden vor, das Steinensemble einfach Andrack-Brämer-Felsen zu nennen. Immerhin hatten wir dieses Naturwunder als erste Menschen überhaupt entdeckt. Die Magellanstraße hatte vorher ja auch keinen Namen gehabt.

Der Meister und der Praktikant.

Immer weiter ging es Kilometer über Kilometer, hoch in die Eifel, den Rhein im Rücken. Im Visier die Hohe Acht, unser erstes Ziel. Pech für uns, dass dieser Berg schon einen Namen hatte. Wir passierten den Schöneberg, der besser umbenannt werden sollte in Ödberg oder so. Als wir oben standen, fällte Rainer Brämer ein vernichtendes Urteil: »Mit dem Schöneberg gibt das nix.« Ich keuchte noch von den Anstrengungen des steilen Aufstiegs und dachte: Und um zu diesem Schluss zu kommen, sind wir den Berg hochgeastet, quer zu den Höhenlinien? Das hätte ich nach Kartenlage auch vorher sagen können. Aber ich war ja nur der Praktikant.

Weiteres Lehrgeld zahlte ich kurz vor Lederbach. Vor dem kleinen Ort trennten wir uns. Brämer ging durch den Ort, ich wählte die Variante durch ein Seitental, laut Karte war das die eindeutig bessere Alternative. Das Problem war nur, dass sämtliche Wege, die mich nach Lederbach hätten führen können und die auf meiner topographischen Karte eingezeichnet waren, inzwischen mit Draht abgesperrt waren. Die Wege waren in den letzten Jahren anscheinend dem Weideland zugeschlagen worden. Also musste ich zwei Kilometer um das Tal herum gehen. Ich watete durch ein Meer von Brennnesseln, und wie so oft hatte ich kurze Hosen an. Mit Pusteln an den Unterschenkeln traf ich einen entspannten Brämer beim Kartenstudium wieder.

»Ich denke, wir nehmen doch den Weg durch den Ort«, sagte er grinsend. Rainer Brämer blieb den Rest des Tages sehr gut gelaunt. Er machte mir ein intimes Geständnis: »Wenn ich so oft in einer Landschaft unterwegs bin, verknalle ich mich richtig in die Wege.« Er verriet mir aber auch, dass sein Tagesfazit häufig düsterer ausfällt. Zuletzt im Spessart hatte er keine geeigneten Wege gefunden. In diesem Fall muss der

Planer dem Auftraggeber sagen, sorry, hier ist premiummäßig nichts zu holen, also können wir auch die weitere Planung vergessen.

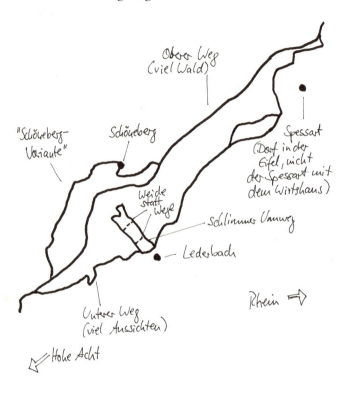

Am zweiten Tag meines Premiumwege-finde-Praktikums nahmen wir uns eine kritische Wegstrecke vor. Die Passage zwischen Adenau, dem geplanten Ende der Eifelleiter, und der Hohen Acht. Die Schwierigkeiten: die Nähe des Nürburgrings (Wrouuumm), ein massiver, undurchlässiger Fichtenwald und die Kreisstraße von Adenau zur Hohen Acht. Wir probierten insgesamt vier längere Wegealternativen aus. Mal war die Aussicht enttäuschend, mal war der Wegbelag eine Katastrophe, mal fehlten die Aussichten gänzlich.

Brämer steckte diese frustrierenden Erlebnisse erstaunlich gut weg. »Man muss sich eben alles anschauen, auch um es auszuschließen.« Immerhin müssen in der Expertise auch gute Gründe stehen, warum der Premiumweg an einer bestimmten Stelle vorbeigeführt werden soll und eben nicht an einer anderen. Bei der Wanderung konnte Rainer Brämer begeistert sein wie ein kleines Kind. »Das habe ich noch nie gesehen«, rief er in einem kleinen Tal in der Nähe von Adenau und machte Fotos. Die anfängliche Begeisterung fiel allerdings zusammen wie ein Soufflé, als wir erkennen mussten, dass der Weg immer unwirtlicher, hässlicher, unbegehbarer wurde. Schade.

Mittlerweile waren wir drei Stunden unterwegs gewesen. Mal hörten wir die Hobby-Schumis auf Deutschlands bekanntester Rennstrecke, dann hatten sie wohl Mittagspause oder wir waren im Wald weit genug vom Nürburgring entfernt. Brämer warf die Arme verzweifelt in die Höhe. Schon wieder hatten wir über Kilometer hinweg keine schöne Aussicht gesehen. Das A und O für jeden Weg ist Abwechslungsreichtum, nicht immer nur Wald, Wald, Wald. So würde das nichts werden mit dem Premiumzertifikat. Große Erleichterung, als wir doch noch eine nach Kartenlage eigentlich unmögliche Alternative entdeckten. Ich lernte: Man kann so einen Weg eben nicht am Reißbrett planen.

»Ich muss vor Ort sein, die Landschaft gibt einem gute Tipps«, sagte Brämer.

Den Problemfall »Wald um Adenau« hatten wir erledigt, der Rest bis zur Hohen Acht war dagegen ein Spaziergang. Den Ausblick auf Kaltenborn empfand Brämer »wie eine Dusche« nach all dem Gehölze in den Wanderstunden zuvor. Wir entdeckten einen genialen Grasweg mit Hammer-Ausblick, aber ein Zaun verwehrte uns den Aufstieg Richtung Hohe Acht. Das war ein Problem. Aber natürlich konnten wir nicht alle Probleme vor Ort lösen. Also notierte Dr. Brämer später in seinem Bericht unter der Kategorie »Probleme«:

> *Der zauberhafte Waldrandweg oberhalb der Kaltenborner Wiesenhänge über die Höhe 545 zur baumgeschützten Kapelle ist derzeit über weite Strecken unzugänglich, da der Zugangswaldweg (Altmarkierung 6) mit einem neuen Zaun nach unten abgeschirmt ist.*

Und die »Empfehlung« von Dr. Brämer:

> *Für den frühestmöglichen Abstieg zum Waldrand den Zaun durch ein Tor ergänzen, welches genau den Ausschlusseffekt erfüllt, dem der Zaun dienen soll.*

Die letzte Tätigkeit meines Praktikums war es, den steilen Bergkegel der Hohen Acht zu erklimmen und den Blick auf dem Aussichtsturm zu genießen. Ich profitierte davon, dass Brämer einen Ausrüstungsgegenstand aus seinem Rucksack hervorzauberte, den ich beim Wandern nie dabeihabe: ein Fernglas. Der Blick durch dieses Fernglas zeigte uns das 50 Kilometer entfernte Siebengebirge mit Drachenfels und Hotel auf dem Petersberg, sogar Köln war im Ferndunst zu erkennen. Das war das pure Eifelleiter-Gefühl, das, wenn der Weg Realität werden würde, jeden Wanderer umfangen soll. Die Wegeplanung war, davon war ich in diesem Moment überzeugt, eine äußerst befriedigende Tätigkeit.

3. Fazit des Praktikums

3.1. Was mir am Praktikum gefallen hat

Der Wegeplaner muss ein Kartenfetischist sein. Er studiert Karten zur Vorbereitung daheim, auf dem Weg, auf der Bank, dem Waldboden, der Kneipe, manisch, besessen, der Wegeplaner will in die Landschaft hineinkriechen, die Höhenmeter fühlen. Das gefällt mir außerordentlich, das habe ich schon immer heimlich gemacht, nur so für mich. Als Wegeplaner kann man mit dieser kartographischen Manie, ja Besessenheit, sogar Geld verdienen. Tadellos.

3.2. Was mir am Praktikum nicht gefallen hat

Ich hätte nicht gedacht, dass bei der Planung eines Fußwegs das Auto so wichtig ist. Nicht allein, dass man verschiedene Wegepassagen anfährt, teilweise mit zwei Autos, ganz komplizierte Logistik. Manchmal werden einzelne Wegepassagen auch mit dem Auto abgefahren. »Da gucken wir jetzt mal rein«, sagte Rainer Brämer dann und schon rumpelten wir mit seinem Stadtauto

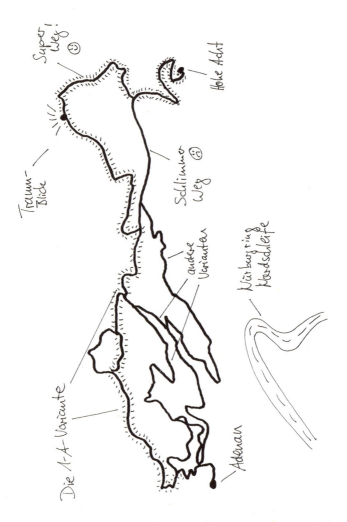

über Feldwege durch die Eifel. Ein wenig peinlich war das schon. Wenn uns jemand gesehen hätte: Die beiden Profi-Wanderer sitzen im Auto und brettern über die schönsten Wanderwege. Beim Auto-Wandern konnte eigentlich nur Brämer die Landschaft genießen, ich hatte die Karte auf den Knien und musste »Fransen«. »Fransen« ist ein militärischer Spezialausdruck für das, was man altmodisch »einen Pfad finden« nennt.

Dr. Brämer beim Kartenstudium

Was ich wirklich anstrengend fand, war die Tatsache, dass eine Wegeplanungstour richtige Arbeit ist. Als ich am ersten Tag vorschlug, doch in einer Gaststätte am Weg einzukehren, verwies Rainer Brämer auf seinen reichlichen Proviant. Natürlich bot er an, dennoch einzukehren, vernünftig sei es aus Zeitgründen aber nicht, er wolle das auch gar nicht bestimmen, er sei dagegen, aber ich solle ruhig entscheiden. Ich hatte die Botschaft natürlich schon verstanden, wir gingen ohne Einkehr weiter. Sehnsüchtig sah ich auf die Terrasse der Gaststätte, die nun ohne uns auskommen musste. In der Sonne glänzten blassorange vergilbte Ernte-23-Aschenbecher. Eine Spitzeneinkehr war mir entgangen. Wegeplanung, habe ich gelernt, heißt, Verzicht zu üben. Ich wurde zum Gandhi des Wanderns.

3.3. Sind meine Erwartungen erfüllt worden?

Die intensive Kartenarbeit, das stundenlange Streunen in Wald und Feld auf der Suche nach dem idealen Weg hat meine Erwartungen voll erfüllt, sogar übertroffen. Ich hätte allerdings nicht erwartet, dass ein Wegeplaner sich doch ziemlich strikt an die Gegebenheiten halten würde. Wir standen nicht wie Wanderhalbgötter oder Feldherren oberhalb von Wald und Flur und ließen die Fräse in Gedanken schon einmal Schneisen mit wunderschönen Pfaden in die Landschaft schneiden. Nein, wir nahmen die landschaftlichen Gegebenheiten und vorhandenen Wege so, wie wir sie vorfanden, auch wenn das mitunter kümmerlich war. Wir waren eher Dramaturgen der Landschaft, die das Gegebene zu einem neuen Produkt zusammenfügten. Wir waren weniger, als ich es gedacht hätte, Wanderlandschaftsarchitekten.

Ich hätte auch nicht erwartet, dass Brämer sooo genau weiß, was Wanderer wollen. Und das meine ich jetzt nicht in Bezug auf die unzähligen sinnvollen Kriterien eines Premiumweges. Nein, Rainer Brämer wusste durchaus auch um die Auswüchse des Premiumwegewesens. Denn oft ist auch ein Weg auf asphaltiertem Untergrund toll, weil er eine überragende Fernsicht zu bieten hat. In diesem Fall ist der Asphaltweg dem Pfad im Wald vorzuziehen, auf dem man nichts sieht. Brämer ist ja sowieso ein Fan der Fernsicht. »Mit dem Alter schweift der Blick eher in die Ferne«, sagte er immer.

Und wenn die Wegeführung eines Premiumweges den Wanderer – auf gut Deutsch – verarschen will, dann gefällt das Dr. Brämer auch nicht. Das hätte ich nicht gedacht. Wie kann ein Weg den Wanderer verarschen? Indem man – während man gerade so schön einen Wanderrhythmus gefunden hat – plötzlich steil in ein Tal zu einem Teich hinuntergeführt wird und dann direkt wieder hinauf. Das bringt echt nichts, außer dass man die Absicht förmlich spürt, mit diesem Umweg Punkte beim Wegezertifizierer zu schinden. Deshalb ist es auch – was ich nicht wusste – durchaus Absicht, dass weder ein nationales noch regionales Punkteranking der Premiumwege existiert. Landschaftliche Grund-voraussetzungen und Schönheit kann man eben nicht vergleichen, jeder Weg muss in sich stimmig sein. Man kann ja auch nicht Kunstwerke bepunkten. Ein Rem-brandt bekäme dann 61 Punkte, ein Tizian 74 Punkte, ein Chagall 81 Punkte. Unsinn. Obwohl, wenn ich es genau bedenke, fände ich ein solches Ranking als alter Statistikfan natürlich total spannend. Ich habe so eine Liste mal einfach als Fleißarbeit an meinen Praktikumsbericht angefügt.

3.4. Ist Wegeplaner der richtige Beruf für mich?

Eine hervorragende Eigenschaft des Wegeplaners ist die Beharrlichkeit. Diese Beharrlichkeit zahlt sich auf der Suche nach dem schönsten Weg immer aus. Wenn wir zwischen Adenau und Hoher Acht nicht insgesamt vier Wegevarianten hin und her, kreuz und quer ausprobiert hätten, wären wir nicht auf den schönsten Weg gestoßen. Ich bin ein eher ungeduldiger Typ, sehr schnell mit dem zufrieden, was ich zuerst gesehen habe. Ich weiß nicht, ob ich das Durchhaltevermögen hätte, immer alle Varianten zu testen. Ich würde mir einen Weg eher schönreden, um nicht noch einmal zurücklaufen zu müssen und noch eine Alternative zu probieren. Andererseits: Es wäre auch möglich gewesen, unsere vierte Variante, die dann die Beste war, zuerst zu gehen. Leider hätten wir aber auch in diesem Fall alle anderen Wege abgehen müssen, um sie zumindest auszuschließen. Ob ich diese Geduld auf Dauer als Wegeplaner aufbringen würde, weiß ich nicht.

Meiner Eitelkeit hat es natürlich geschmeichelt, dass Rainer Brämer mir ein sehr gutes Praktikumszeugnis ausstellte. Ich sei sehr gut im Nachstochern, sagte er. Okay, da habe ich mich also gut verstellt, denn die Beharrlichkeit in Person, das ist mit Sicherheit Brämer – ohne Rücksicht auf schöne Einkehrmöglichkeiten. Dr. Rainer Brämer adelte mich zum Abschluss des zweitägigen Praktikums als geduldigen und konstruktiven Co-Scouter mit der extrem ausgeprägten Fähigkeit, eine Karte zu lesen. Mal sehen, vielleicht werde ich irgendwann, wenn ich groß bin, doch noch ein richtiger »Pfad-Finder«.

4. Anhang: Die Fleißarbeit –
Die Top Zwanzig der deutschen Premiumwege.
Geheime Liste, Stand November 2010

Luftiger Grat Oberstaufen (Bayern)	92 Punkte
Baybachklamm (Rheinland-Pfalz)	84 Punkte
Litermont-Gipfeltour (Saarland)	84 Punkte
Mittelalterpfad (Rheinland-Pfalz)	84 Punkte
Felsenweg Losheim (Saarland)	83 Punkte
Hahnenbachtal-Tour (Rheinland-Pfalz)	81 Punkte
Zollernburg-Panorama (Baden-Württemberg)	81 Punkte
Wildes Wasser (Bayern)	79 Punkte
Cloef-Pfad (Saarland)	78 Punkte
Feldbergsteig (Baden-Württemberg)	77 Punkte
Geologischer Rundweg Düdinghausen (NRW)	76 Punkte
Wasserfallsteig (Baden-Württemberg)	76 Punkte
Virneburg-Weg (Rheinland-Pfalz)	75 Punkte
Wacholder-Weg (Rheinland-Pfalz)	75 Punkte
Bleidenberger Ausblicke (Rheinland-Pfalz)	75 Punkte
Streuobstroute (Hessen)	74 Punkte
Kasteler Felsenpfad (Rheinland-Pfalz)	74 Punkte
Eltzer Burgpanorama (Rheinland-Pfalz)	74 Punkte
Koberner Burgenpfad (Rheinland-Pfalz)	74 Punkte
Tiefenbachpfad (Saarland)	74 Punkte

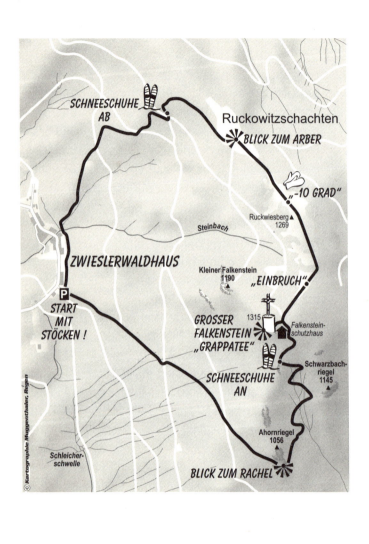

Die Wanderung des Kartographen –
Mit Schneeschuhen im Bayerischen Wald

März 2010

Seit ich denken kann, liebe ich Landkarten. Es begann mit dem alten Atlas meines Großvaters. Deutschland war noch sehr groß und erstreckte sich bis Danzig und darüber hinaus. Der Atlas stammte aus dem Jahr 1935. Es gab merkwürdige Länder wie Lettland, Litauen und Estland, die ich in meinem Schulatlas dann nicht mehr finden sollte. Und meinen ersten Globus habe ich mir selbst gebastelt, aus Papier und mit einer speziellen Definition des Begriffs »Kugel«. Meine Eltern hatten schließlich Mitleid und schenkten mir zum neunten Geburtstag einen von innen leuchtenden Plastikglobus. Mich hat immer interessiert, wie es dort aussehen konnte, wo ich nicht war, ohne dass dadurch eine überbordende Reiselust entstanden wäre. Die Reise mit dem Zeigefinger über die Landkarte oder den Globus empfinde ich als vollkommen ausreichend.

In den letzten Jahrzehnten haben sich in meinem Arbeitszimmer Hunderte von Wanderkarten und Messtischblätter angesammelt. Mit denen bereite ich jede meiner Wanderungen vor. Wege werden vermessen, verworfen und schließlich für gut befunden. Während der Wanderung ist die entsprechende Karte natürlich dabei. Und nach der Tour muss ich dann mit einem Gerät auf der Karte nachmessen, wie viele Kilometer ich tatsächlich gelaufen bin.

Warum Kinder als Berufswunsch selten Kartograph angeben, liegt wohl zum einen an dem doch sperrigen Wort, zum anderen daran, dass man sich darunter nicht recht etwas vorstellen kann. Aber Kartograph klingt in meinen Ohren verheißungsvoll, irgendwie nobel und fein. Wenn es nicht schon ein Buch wie die »Liebe des Kartographen« von einer Autorin mit dem Namen Petra Durst-Benning gäbe, müsste man es dringend schreiben. Ich wollte Jahrzehnte nach meinem ersten sehnsüchtigen Blättern im Atlas von 1935 einen Kartographen kennenlernen.

Heinz »Muggi« Muggenthaler ist Kartograph. Er lebt in Regen im Bayerischen Wald. Der »Woid«, wie man in der Gegend sagt.

Man muss sich schon sehr zurückhalten, um in Regen angekommen keine Kalauer über den Ortsnamen loszulassen. So etwas: »Da sind wir ja vom Regen in die Traufe gekommen« oder »Sich regen bringt Segen«. Oder den schönen regionalen Spruch mit der Nachbarstadt Zwiesel: »In Zwiesel kann es schon mal regnen, aber in Regen nicht zwieseln.«

Ich traf Muggi im Gasthof »Zum oberen Wirt«. Er hatte einen festen Händedruck. Ein wenig erinnerte er mich an den frühen Reinhard Mey. Eine kleine runde Brille und dahinter wache, freundliche Augen. Als Muggi sich kurz mit der Wirtin unterhielt, verstand ich – nichts. Eine Sprachunverträglichkeit zwischen Bayern und dem Rheinland, die mich daran erinnerte, dass auch die Oma eines Schulfreundes aus dem Woid kam. Irgendwann habe ich die Oma wohl so komisch angeschaut, dass man vermutete, ich hätte was gegen sie. Ich gab dann endlich zu, dass ich sie einfach nicht verstehen würde und nicht wüsste, was sie genau von mir wollte. Mit mir sprach Muggi ein gemäßigtes »Musikantenstadl«-Bairisch, das er sich für seine Auftraggeber aus dem ganzen Bundesgebiet draufgeschafft hat. Er erstellt die Übersichtskarten des *Wandermagazins*, aktualisiert Wanderkarten, entwirft Flyer für regionale Anbieter. Arbeit hat er reichlich. »Wenn es sein muss, arbeite ich auch 48 Stunden am Stück, bis die Karte fertig ist.« Dabei sitzt er die ganze Zeit vor dem Computer und klickt die Karte Stück für Stück zusammen.

Gelernt hat Muggi das anders, händischer, nicht so wie in der Steinzeit der Kartographie, als alle Landkarten seitenverkehrt auf polierte Schieferplatten geritzt wurden, die dann als Druckvorlagen dienten, sondern als ein Kunsthandwerk, wo mit feinem Zeichenwerkzeug gearbeitet wurde. Auf dem Arbeitstisch lagen oder standen Ziehfeder, Kurvenziehfeder und Doppelkurvenziehfeder (mit der malte man früher die Autobahnen auf die Folie), Schraffierlineal, Nullenzirkel und Gisal-Napf. Ein Gisal-Napf ist nicht die Fressstelle für eine seltene Katzenart, sondern ein Tuschebehälter. Muggis Spezialgebiet war die Schummerung. Schummer-was? Er schummerte. Schummern ist die schattenplastische Darstellung der Geländeverhältnisse. Man hat die Karte vor Augen und glaubt, die Landschaft aus dem Flugzeug zu sehen. Das mit der »Schummerung« hatte ich schon verstanden, aber Muggi erzählte mir auch davon, dass jeder Kartograph ein Meister der »Falzung« sein müsse. Schon bei einer normalen Wanderkarte stößt so mancher Wanderer beim Auseinander- und Zusammenfalten der Karte an die Grenzen seiner motorischen Fähigkeiten. Und das, obwohl die Knicke auf der Wanderkarte vorgegeben sind. Wenn ein rechteckiger Ausschnitt einer Landschaft auf der Karte abgebildet wird, geht das noch, dann legt sich die Falzung wie ein Gitter über die Karte. Wenn aber ein spezieller Wanderweg (Eifelsteig, Hermannsweg, Rennsteig) komplett dargestellt werden soll, muss man gut überlegen, wie man es dreht und wendet, dass die Falzung noch praktisch ist. Der Kartograph muss sich also nicht nur um das kümmern, was auf einer Karte zu sehen ist, sondern auch darum, wie man es durch die perfekte Falttechnik wieder in Taschenformat zurückfalten kann. Der Kartograph ist in Wahrheit auch noch ein Origami-Künstler.

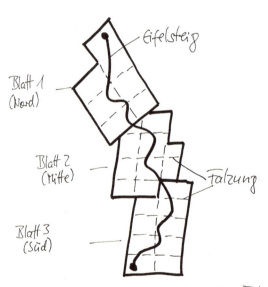

Ich hätte gedacht, dass ein Kartograph entweder bei einer Landesvermessungsbehörde oder bei einem großen Kartenverlag wie Diercke oder Falk arbeitet. »Viele sind nicht bei der Kartographie geblieben, die meisten arbeiten heute in anderen Berufen«, erzählt Muggi, der an der Fachhochschule in München studiert hat. Interessant aber: Drei seiner Kommilitonen sind heute – psst, darf ja keiner wissen – beim BND beschäftigt. Ist ja eigentlich logisch, dass ohne vernünftiges Kartenmaterial auch der tollste Spion nicht gut spionieren kann.

Aber es gibt auch selbstständige Kartographen wie Muggi.

Als selbstständiger Kartograph zeichnet Muggi die recht kleinen Karten für Magazine. Hier zeigt sich die eigentliche Kunstfertigkeit des Kartenmachers, denn auf einer kleinen Karte muss er das Entscheidende abbilden. Wer zu wenig weglässt, verliert sich im Detail, zu viel ist meist tödlich. Wenn sich die topographischen Eigenheiten wie Bäche, Höhenlinien, Wege etc. mit unzähligen Angaben über Sehenswürdigkeiten in der Landschaft vermischen, ist das oft des Guten zu viel. Eine Karte ist erst richtig gelungen, finde ich, wenn man über sie sagen kann: »Plötzlich diese Übersicht!«

Der bayerische Kartograph ist ein veritabler Profiteur des Wanderbooms – denkt man zuerst. Viele Gemeinden brauchen für ihre neuen Wanderwege eine Karte oder zumindest einen Informationsflyer mit einer Übersichtskarte. Nur so lässt sich mit wandernden Touristen auch Geld verdienen. Diese Arbeit übernimmt Muggi, doch die leicht zu bedienenden geographisch-kartographischen Computerprogramme ersetzen ihn als Meister der Kartographie zunehmend. Und wer braucht auf einem der neuen Premiumwege noch eine Wanderkarte? Die Markierungen sind nahezu perfekt, sodass man sich kaum verlaufen kann. Schon merkwürdig, es gibt eine neue Lust am Wandern, aber die Kunst und Bereitschaft, eine Wanderkarte lesen zu können, nimmt ab.

Muggi ist für mich ein Glücksfall. Nicht nur, dass ich seine Karten schätze und er mir alles über die Kartographie erzählt, er ist auch ein erfahrener Wanderführer.

Muggi gehört zu jenen bewunderungswürdigen Menschen, die merken, wann das Wetter umschlägt. »Die Vögel werden ganz still«, sagt er, »und die Blumen machen zu, die schließen ihre Blütenkelche.« Und Muggi hat einiges in seinen Notfallrucksack gepackt: Erste-Hilfe-Kasten, Biwak-Schlafsack, Notfalldecke. Ich fühlte mich neben dem Mann sicher, klare Sache, aber ich musste auch feststellen, dass ich für die Berge nicht gerüstet war. Sich in den Bergen artgerecht zu bewegen, ist echt teuer. Man sollte Thermowäsche haben und eine gute Jacke nebst Hose. Da sind schon mal 500 Euro weg. Plus 500 Euro für Ski und 200 Euro für die Schneeschuhe, eine warme Mütze und Handschuhe. Nicht zu vergessen die Wanderschuhe, an die man bei Bedarf auch die Steigeisen klemmen kann. Noch mal 300 Euro.

Es gibt den Spruch: »Der Bayrische Woid, das ist sechs Monat' Winter und sechs Monat' koid.« Kein Wandergebiet für kurze Hosen.

Muggi hatte den Großen Falkenstein als Ziel vorgeschlagen.

Wir gingen vom Zwiesler Waldhaus eine halbe Stunde bergan, mein Atem wurde flacher, mein Puls hatte sich an den Anstieg gewöhnt. Hier kann man nicht zu jeder Zeit laufen. Wenn der Falke brütet, wird der Wanderweg zum Falkenstein sehr humorlos gesperrt. Für mich ist das schon mal nichts, schließlich wäre ich in dem Moment doch wahnsinnig enttäuscht, nach wochenlanger Vorbereitung auf eine Wanderung im Bayerischen Wald umkehren zu müssen, weil so ein komischer Vogel auf seinem Nachwuchs hockt.

An einer Weggabelung in ungefähr 1000 Höhenmetern war es so weit. Der Schnee war nicht mehr so festgetreten und Muggi packte die Schneeschuhe aus, die er an seinem Rucksack befestigt hatte. Ich hatte mir vorgestellt, sie würden aussehen wie Tennisschläger ohne Stiel. Doch das war wohl Anfang des letzten Jahrhunderts so. Die Schneeschuhe von 2010 erinnerten eher an eingelaufene Snowboards. Meine Schneeschuhe sahen in ihrem leuchtenden Orange aus wie zwei kleine Rettungsboote. Sie retteten mich vor dem hilflosen Versinken im hohen Schnee.

Dann ging ich mit den Schneeschuhen bergan. Erst hob ich die Beine wie ein Storch. Was aber gar nicht nötig war, weil sich meine Ferse hob wie bei einem Langlaufski. An den modernen Schneeschuhen befinden sich Bindungen und eine sehr sinnige Vorkehrung. Mittels eines verstellbaren Bügels kann man sich unter der Ferse eine Art Absatz basteln. Das fühlt sich dann so an, als würde man keine Steigung hinaufkraxeln, sondern auf einer ebenen Fläche gehen. Wenn man dann bergab mit den Schneeschuhen läuft, sollte man den Bügel einklappen, weil man sonst zu leicht das Gleichgewicht verliert und vornüberkippt.

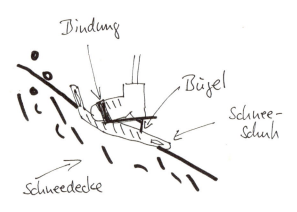

Zusätzlich hatte mir Muggi Stöcke in die Hand gedrückt. Ja, ja, ich weiß, ich war nie ein Freund von Wanderstöcken, aber das hier war echt eine andere Disziplin, das war Schneeschuhwandern im Bayerischen Wald. Stundenlang hätte ich so gehen können, als ich meinen Rhythmus gefunden hatte. Die Stöcke setzte ich recht unkonventionell parallel ein. Dann zog ich mich mit drei Schritten heran. Die Schneeschuhe machten höllischen Krach auf dem vereisten Schnee. Auf Pulverschnee sei das etwas ganz anderes, da schwebe man eher lautlos daher, erklärte mir Muggi.

Der Gipfel kam für meinen Geschmack viel zu schnell. Und leider hatte der Wirt die Hütte, das Falkensteinschutzhaus, geschlossen. Im Winter war nur am Wochenende geöffnet. Und auch die Bergwacht wachte nicht, bei der hätten wir, so Muggi, auch übel abstürzen können. Alkoholtechnisch.

Zum Trost reichte mir Muggi eine Brezn und einen Schluck aus der Thermoskanne. Heißer Tee war in der Kanne – mit einem guten Schuss Grappa. Und einen Schluck aus dem Flachmann gab es auch noch dazu. Bärwurz-Schnaps. Muggis Großvater hatte früher noch eigenhändig die Bärwurzeln ausgegraben und dann den Schnaps mit Honig angesetzt. Einen Rausch sollte man sich vom Bärwurz-Schnaps nicht antrinken, erzählte Muggi. Den würde man sein Lebtag bereuen. Aber um 11.30 Uhr auf dem Falkenstein schmeckte der Schnaps teuflisch gut.

»Gigantisch«, sagte Muggi mit Blick auf die Berge: Großer Arber, Ossen, die tschechischen Berge. »Gigantisch« ist sein Lieblingswort, und dieser Blick war in der Tat gigantisch. Muggi liebt seine Berge. Ungezählte Male ist er schon auf dem Großen Falkenstein gewesen, auch die anderen Berge und Wege kennt er wie seine Westentasche. Eine Karte, egal, ob von ihm oder einem Kollegen gefertigt, hat er nie dabei. Er wandert am liebsten im »Woid«. Erst mit 15 Jahren hat er zum ersten Mal das Meer gesehen. Er verreist nur, wenn er für seine Auftraggeber Karten fertigt: ins Mittelgebirge, nach Mallorca und Madeira. Immer mit dem Zeichenstift in der Hand.

Früher hat Muggi beim Wandern die Natur, die Flüsse, Berge, Höhenunterschiede gedanklich in zweidimensionale Karten übersetzt. Das macht er heute nicht mehr, aber immer noch fallen ihm »Fehler« auf, die auf Karten eingezeichnet sind. Nicht so dicke Schnitzer wie ein Berg an der falschen Stelle. Aber manchmal geht er so vor sich hin, und dann sieht er, dass der Bach nicht auf der rechten Straßenseite, sondern erst auf der linken Straßenseite in den kleinen Fluss mündet. Diese »Fehler« kann er nicht sofort ändern. Eine Wanderkarte wird im Zweifelsfall so lange nicht aktualisiert, bis die gesamte Auflage verkauft ist. Und das kann Jahrzehnte dauern. Und selbst, wenn die Auflage verkauft ist, wird gerade heutzutage noch nicht automatisch eine neue Wanderkarte aufgelegt, sondern eine CD mit sämtlichen Karten der Region. Ich finde das furchtbar, weil mich diese Landkarten-CDs völlig überfordern. Wenn man das studiert hat wie der Muggi, mag es ja angehen. Aber ich verstehe diese ganzen Werkzeuge, neudeutsch Tools, für die Navigation einfach nicht. Da kann ich rumprobieren, wie ich will.

Beim Abstieg vom Falkenstein sahen wir eine Menge Baumelend. Kyrill hat hier viele Freiflächen geschaffen. Die übrig gebliebenen Bäume waren kahl und sahen aus wie Klettergerüste. Schädling Nummer eins, Freund Borkenkäfer, ist immer noch eine Gefahr für den Wald, auch wenn schon lange niemand mehr davon redet. Wir blickten auf eine Bergkette, die schon auf der tschechischen Seite lag. Dort heißt sie Sumava, übersetzt »Waldrauschen«. Wenn man die Augen schloss, hörte man dieses Rauschen und wir beiden Schneeschuhmenschen standen dort einsam mit geschlossenen Augen und lauschten dem Waldrauschen. Man hätte uns schon für reichlich debil halten können. Und ein klein wenig Sorgen machte ich mir schon, als Muggi mir eröffnete, er höre dieses Rauschen auch manchmal bei seiner Arbeit am Computer. Vielleicht sollte er nicht so häufig die Nacht durcharbeiten.

Wir gingen jetzt auf dem Goldsteig bergab, einem »gigantischen«, 600 Kilometer langen Premiumweg von Marktredwitz nach Passau. Warum der so heißt? Wurde im Bayerischen Wald dereinst nach Gold geschürft wie in Klondyke, wo Dagobert Duck seine ersten Millionen im Sieb erscheffelte? Eher nicht. Lustigerweise gibt es im »Woid« eine Käsesorte gleichen Namens. Der Slogan »Goldsteig – so ein Käse« bezieht sich aber nicht auf den Wanderweg. Die Idee, einen Premiumweitwanderweg nach einem Produkt oder Unternehmen zu nennen, ist natürlich ausbaufähig. Wie bei den Fußballstadien erschließen sich neue Einnahmemöglichkeiten. Der Rothaarsteig heißt dann Veltins-Steig, der Rennsteig wird zum Renn-schneller-mit-Adidas-Steig und der Rheinsteig mutiert vielleicht zum Rhein-wie-Persil-Steig.

Ich ging inzwischen mit einer Hand am Körper, am Bauch wärmte ich meine eiskalten Finger. Muggi sah mein frostig-leidendes Gesicht und bot mir richtige Handschuhe an. Ich war zunächst beleidigt. Handschuhe hatte ich selber, sogar super-dick wattierte. Muggi holte kommentarlos weiße Fäustlinge aus seinem riesigen Notfallrucksack. Die seien aus Schladminger Wolle von Lebendschafen. Diese Wolle hätte nämlich noch die Fette, die nicht nur die Schäfchen, sondern auch die Finger wärmt. Ich schöpfte wieder Zuversicht, dass alle Fingerkuppen dranbleiben könnten. Muggi hingegen hatte die ganze Zeit keine Handschuhe an. Seine Hände sahen zwar etwas rot aus, schienen aber warm zu sein. Behauptete er zumindest. Vielleicht haben sie im Wald andere Kälte-Gene. Muggi machte sich passenderweise lustig über die Schneehöhen, die ihm Bekannte aus dem restlichen Deutschland meldeten. »Da rief mich zuletzt so ein komischer Vogel an und sagte, er habe schon drei Mal schippen müssen, bei ihnen lägen 20 Zentimeter. 20 Zentimeter, ich bitte dich, des is koa Schnee net!«

Bergab hatte ich mit dem Laufen in den Schneeschuhen Probleme, zwei Mal war ich schon herausgeschlappt. Und der rechte Stock war ganz plötzlich extrem geschrumpft. Geduldig kniete sich Muggi hin und klickte meine Schneeschuhbindung wieder richtig zu, wie eine Mutter, die ihrem Vierjährigen die Schuhe zubindet. Er schraubte meinen rechten Stock wieder auf die richtige Länge, weil ich das in meinen riesigen Lebendwollefäustlingen nicht so gut konnte. Solche Fäustlinge hatte ich ebenfalls zuletzt als Vierjähriger getragen.

Plötzlich hockte sich Mucki hin wie ein Trapper und untersuchte tiefe Fußspuren, die in den Wald führten. »Was guckst du?«, fragte ich, »Da musste sich wahrscheinlich jemand am Baum erleichtern.« Muggi schaute mich mitleidig an und sagte bloß »Hirsch«. Das Tier muss metertief im Schnee eingesunken sein. Kein Wunder, ohne Schneeschuhrettungsboote unter den Hufen. Die Hirschspuren fanden wir kurz vor dem Zwiesler Waldhaus, wo unsere Wanderung auch wieder endete. Denn wir mussten ja zurück zu Muggis Auto, das Equipment, das es zu verstauen galt, war schon enorm.

Ich war Muggi sehr dankbar, dass er mich in die Geheimnisse der Kartographen-Bruderschaft eingeweiht hatte. Und ich war zum ersten Mal mit Schneeschuhen gewandert, eine eindeutig andere Wanderdisziplin als das, was ich normalerweise in den deutschen Mittelgebirgen veranstalte. Ehrlich gesagt, würde ich bei so viel Schnee wie im Bayerischen Wald überhaupt nicht an eine Wanderung denken, sondern schön auf das nächste Tauwetter warten.

Überhaupt ist Bayern, was das Neue Wandern angeht, ein anderer Kontinent. Die bayerischen Landschaften sind sozusagen genetisch bevorzugte Landschaften. Dort muss man nicht mühsam nach tollen Wegen und »gigantischen« Aussichten suchen, die waren schon immer da. Paradiesische Wanderwelten gibt es in Bayern. Und Menschen wie den Kartographen Heinz Muggenthaler, die ihre Liebe zur Landschaft leben. Einfach GIGANTISCH!

Bewertung	
Gigantisches-Waldrauschen-Faktor	★★★★★
Glücksfaktor	★★★★
Erlebnisfaktor	★★★★★
Abenteuerfaktor	★★★★
Sicherheitsfaktor	★★★★★
Sportfaktor	★★★★★
Abwechslungsfaktor	★★★
Equipment-Faktor	★★★★★

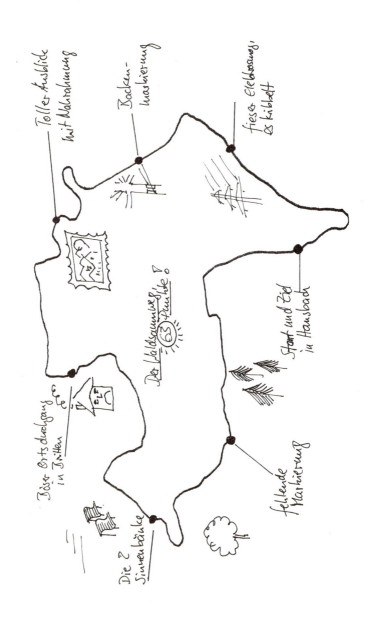

Der Waldsaumweg muss zum TÜV –
Ein Zertifizierungsreport
April 2010

Der Waldsaumweg im Saarland muss zum TÜV. Die Gültigkeit der Plakette ist abgelaufen, da muss eine neue her, da kann man nichts machen. Aber der Waldsaumweg kommt nur durch den TÜV, wenn auch alles okay ist. Markierung, tolle Ausblicke, wenig Asphaltwege.

Ich wandere mit Klaus Erber vom Deutschen Wanderinstitut durch das Nordsaarland. Klaus Erber ist Zertifizierer von Wanderwegen. So etwas gibt es, Wanderwege-Zertifizierer. Zu seinem Arbeitsgerät zählen ein Klemmbrett, ein GPS-Gerät, eine Digitalkamera. Der Waldsaumweg zwischen Merzig und Losheim am See wurde von ihm vor drei Jahren geprüft und trug seitdem das Prädikat »Premiumweg«. Die sogenannte Erstaufnahme macht der Zertifizierer allein, weil er sich ganz auf die Landschaft konzentrieren muss. Ich hätte damals also nicht mitlaufen dürfen, hätte da wohl nur gestört.

Nun ist die Gültigkeit des »Wandersiegels« abgelaufen, und es muss »nachzertifiziert« werden. Denn es könnte sein, dass der Weg nicht nachhaltig gepflegt wurde, dass Markierungen fehlen, dass Ausblicke zugewachsen sind, dass naturbelassene Forstwege asphaltiert wurden. Dann wird tatsächlich das Prädikatssiegel »Premiumweg« aberkannt. Das ist schon vorgekommen.

Klaus Erber sieht so aus, als würden ihm Wind und Wetter nichts ausmachen. Er lässt sich davon auch nicht beeinflussen wie vielleicht ein Gelegenheitswanderer. Er ist ganz klar Profi, und aus einer Schlecht-Wetter-Laune heraus miserable Noten zu geben, kommt bei ihm nicht infrage. Man muss allerdings einschränken: Bei Nebel und Starkregen kann er nicht zertifizieren, dann sind die Landschaft und vor allem Ausblicke nicht zu beurteilen. Das heißt natürlich auch im Umkehrschluss, dass es definitiv schlechtes Wanderwetter gibt, nicht nur schlechte Kleidung. Man sollte sich da nichts vormachen, bei Es-regnet-junge-Hunde-Wetter sollte man im Bett bleiben, ein gutes Buch lesen oder meinethalben auch an die Decke starren und auf einen Wetterumschwung hoffen.

Seit sechs Jahren ist Herr Erber Zertifizierer. Es ist nicht so, dass es in Deutschland viele davon gibt. Beim Deutschen Wanderinstitut gibt es außer ihm noch genau einen, das war's. Ein anerkannter Ausbildungsberuf wird der Wanderwegzertifizierer so nie. Der erste zertifizierte Premiumweg überhaupt war der Rothaarsteig. Zu dieser Zeit, vor ungefähr zehn Jahren, haben die Mitarbeiter des Marburger Wanderinstituts den Rothaarsteig geplant und dann nach ihren eigenen Kriterien zertifiziert. Das ist so, als wenn Mercedes erst ein Auto baut und dann auch noch den TÜV mit erledigt. Das hat man später getrennt, schließlich ist das alles auch ein Riesenpolitikum, wie ich später noch erfahre. Zuerst hat man Tagestouren in Hessen und im Saarland beurteilt, und diese müssen inzwischen eben schon zum ersten oder zweiten Mal »nachzertifiziert« werden.

Es sind die Wandervereine, die sich über das Wanderinstitut aufregen. Die fragen sich, ob denn die Wanderwege, die sie seit Jahrzehnten, Jahrhunderten, Jahrtausenden pflegen und markieren, etwa nicht »schön« wären? Ob ihre Wandervereinswanderwege nicht gut genug wären, um das tolle Wandersiegel zu bekommen? Doch, sagt Klaus Erber, viele Wege der Wandervereine seien toll, andere wiederum nicht, es hätte da eben lange keine Kriterien gegeben. Die Wanderwege der Vereine wären für Wanderer gemacht, die im Zweifelsfall ihr Revier wie ihre Westentasche kennen. Premiumwege dagegen sind touristische Marketinginstrumente, mit denen für eine Region geworben werden soll. Und um damit zu werben, müssen sie verlässliche Qualitätskriterien erfüllen, die nachprüfbar sind. Damit nicht mit viel Tamtam ein Weg eröffnet wird und dann der durchschnittliche Wandertourist den Weg mies findet und enttäuscht ist. So einfach ist das. Ich stelle mir vor, dass es, um an das begehrte Prädikat »Premiumweg« zu gelangen, vielleicht auch schon Bestechungsversuche gegeben haben könnte. Klaus Erber überlegt lange, lächelt dann. Hat es wohl nicht, obwohl ich mir nicht sicher bin, ob Herr Erber nicht mal gern einen Bestechungsversuch erlebt hätte. Es ist doch so schön, Nein zu sagen.

Der Zertifizierer bleibt stehen, schaut auf seine Unterlagen auf dem Klemmbrett, schaut zwischen zwei Bäumen hindurch, schaut hinter sich, geht zehn Meter zurück, schaut vor, schaut zurück. Das alles erinnert an eine Choreographie, einen Breakdance, einen seltsamen Ritus. Wir sind gerade mal fünfhundert Meter gegangen. Alles recht unspektakulär, ein »Nullweg«, jenseits von Gut und

Böse. Ich zücke mein Vokalbelheft Deutsch-Zertifizierer-sprache und notiere in Schönschrift: »Nullweg«. Erklärung: Man kann nichts Positives sagen, aber es gibt auch keine Punktabzüge. Null mal null bleibt null. Zurückgegangen ist der Zertifizierer, weil er schauen wollte, ob die letzte Markierung von beiden Wegrichtungen aus zu erkennen war. Und zwischen den Bäumen hat er besonders intensiv hindurchgeschaut, weil das letzte Mal, vor drei Jahren, keine Zwischen-den-Bäumen-Zwischenräume existierten. Hä? Es habe hier nichts zu sehen gegeben. Aber inzwischen wären Sträucher entfernt worden, sodass man nun auch zwischen den Bäumen hindurchschauen könne. Und wenn das so ist, sagt Herr Erber, fühlt sich der Wanderer gut. Dafür vergibt er Extrapunkte. »Wanderwegoptimierung« heißt der Fachterminus. Das beeindruckt mich, ebenso, dass er sich, obwohl er an die hundert Wanderwege im Jahr geht, noch genau an diese Stelle erinnern kann und wie sie vor drei Jahren ausgeschaut hat. Ist Klaus Erber ein Fall für »Wetten, dass…?«. Nun, ein gutes Gedächtnis braucht es schon, aber er hat sich auch vorbereitet und die Digitalfotos der Erstaufnahme noch einmal angeschaut. Und da war an dieser Stelle eben noch Strauchwerk gewesen.

Ich gebe zu, dass ich bei einer normalen Wanderung an der frei geschnittenen Stelle wahrscheinlich achtlos vor-beigelaufen wäre, eventuell auch ins Gespräch vertieft. »Vielleicht«, sagt Erber, »vielleicht aber auch nicht. Und vielleicht hätten Sie die Aussicht unterbewusst als neuen optischen Reiz abgespeichert und als schön empfunden.« Premiumwege sind der Inbegriff des neuen Wanderns. Hier muss immer was los sein, nie darf es zu lange durch einen urigen Wald gehen, an einem malerischen Fluss entlang, über einen ausschweifenden Höhenkamm. Der schönste Wald taugt in den Augen der Zertifizierer nichts, wenn sich nie was ändert. Das sind die modernen Zeiten, die Aufmerksamkeitsspanne ist kurz, es müssen ständig neue Reize her, es darf bloß keine Langeweile aufkommen. Alle Wanderer mit einem Aufmerksamkeits Defizit-Syndrom werden durch die Wegeführung der Premiumwege an die Hand genommen.

Auf Kilometer drei schlängelt sich der Weg an einem mäandernden Bächlein entlang. Ich tippe: »Das muss die Höchstpunktzahl geben, oder?« – »Richtig«, grinst Herr Erber. Scheint also nicht so schwer zu sein, die Bewertungen abzugeben. Erber schüttelt den Kopf: Er vergäbe seine Punkte auf Grundlage der jahrelangen Forschung des Instituts. Gewässer aller Art wären immer sehr beliebt, nicht nur bei Kindern, sondern auch bei Erwachsenen. Ich stelle mir vor, dass schon seit Jahrhunderten Müllergesellen auf der Suche nach der nächsten Arbeitsstelle hier waren. Diesen romantischen Zahn zieht mir Herr Erber sofort. Man hatte den Pfad ganz kalkuliert vor drei Jahren angelegt. Ich bin reichlich desillusioniert. Da wird die Landschaft einfach passend gemacht. Wie ein Bildhauer, der sein Kunstwerk immer wieder verfeinert, kann man natürlich auch Wanderwege optimieren. Mit Axt und Säge geht man los, und schon hat man einen tollen Pfad am Wasser. Das gibt viele Punkte für das sogenannte »Wegeformat«.

Das »Wegeformat« setzt sich aus verschiedenen Elementen zusammen und beschreibt zum einen die Breite des Weges. Hier gilt die Regel: je schmaler, desto wanderiger. Dazu zählt auch der Wegebelag. Die Bewertungsskala geht von weichem Nadelwaldboden oder Gras (hui!) bis Schotter oder Asphalt (pfui!). Eigentlich könnte man dem schmalen, neu gefrästen Pfad am Bach die volle Punktzahl geben. Aa- aaber ... hebt man den Blick, dann bleibt er an einer richtig fiesen Hochspannungsleitung hängen. Mir kribbelt jetzt noch die Kopfhaut vom Elektrosmog, während ich dies niederschreibe. Ich will schon protestieren und Abzüge in der A- und B-Note fordern, doch Herr Erber ist gnädiger. Die blöde Hochspannungsleitung bekommt in der Spalte »Hoch- und Tiefbau« nur lächerliche 2,70 Minuspunkte. Das Bächlein erhält dagegen 18,25 Gewässerpunkte und der Wegebelag noch mal 13,60 Punkte. Wie kann das sein? Rein rechnerisch bräuchte es hier noch weitere 15 Hoch- und-Tiefbau-Grässlichkeiten. Silos, Autobahnkreuze und Atomkraftwerke könnten sich hier stapeln, bis dieser Punk- testand aufgebraucht wäre. Also, ich wäre mit Sicherheit ein gnadenloser Wanderwege-Scharfrichter.

Wir gehen weiter, etwas bergan, kein Gewässer mehr, keine Hochspannungsleitung, auf der Wander-TÜV-Prüfstraße erreichen wir Kilometer vier und genießen einen wahn- sinnigen Ausblick. Der Stift von Klaus Erber flitzt über sein Klemmbrett. Ich hätte jetzt einfach gesagt: Schön, wirk- lich schön. Doch Herr Erber würdigt zunächst einmal die »Nahrahmung«. Ich notiere das neue Wort in meinem Vo- kabelheft. Ach ja, stimmt, zwischen zwei Bäumen hindurch können wir den Ausblick genießen. Das schmeichelt der Landschaft, wenn sie wie ein Kunstwerk einen Rahmen erhält.

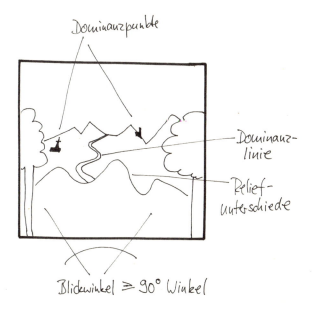

Dann die Weite des Ausblicks. Ich kann über zehn Kilometer weit schauen. Ist natürlich besser als fünf Kilometer, zwei Kilometer oder drei Meter, logisch. Außerdem beträgt der Winkel über 90 Grad. Aber nur »weit gucken« und »großer Zirkel« reichen Herrn Erber nicht. Auf diesen zehn Kilometern sollte wieder etwas passieren. Die Landschaft sollte gestaffelt sein, mehrere Hügelketten hintereinander sollten zu sehen sein. Aber auch »Reliefunterschiede« (nun flitzt **mein** Stift im Vokabelheft) sind schön, wie bei unserem Ausblick, in dem ein kantiger Tafelberg das »Relief« auflockert. Außerdem sind die »Dominanzlinien« (puh, so viele neue Vokabeln, aber bitte morgen keinen Test, Herr Zertifizierer, menno!) wichtig. Das können Obstwiesen

sein oder Flüsse, oder auch mal, wenn sie weit genug entfernt ist, eine Autobahn. Schön sind auch »Dominanzpunkte«. (Schreibe ich das jetzt wirklich ins Vokabelheft oder
gehört der Ausdruck ins Sado-Maso-Studio?) Dominanzpunkte sind zum Beispiel Kirchtürme oder Burgruinen.
Dominanzlinien und Dominanzpunkte strukturieren den
Blick auf die Landschaft und wirken sich positiv auf das Ge-
müt des Wanderers aus. Und das alles summiert sich auf die
unglaubliche Punktzahl von 22,33 in der Kategorie »neue
Aussicht«. Als wir ins Dorf Britten kommen, merke ich,
dass es jetzt eng wird. Hier könnte der Punktevorsprung
schnell aufgebraucht sein. Dort gibt es Minuspunkte für
den Asphaltbelag, die Bebauung (immer diese »Wüstenrot-
Warzen« schimpft Herr Erber über die neueren Häuser)
und das Landschaftsbild. Auf Kilometer fünf bekommt der
Waldsaumweg nur 12,29 Punkte. In allen Kategorien zusammen. Eine Katastrophe. Denn im Schnitt aller Kilometer muss ein Premiumweg 40 Punkte erreichen, sonst
gibt es kein Wandersiegel, das steht so in den Gesetzen des
Deutschen Wanderinstituts.

Ich atme auf, als wir den Ort Britten hinter uns lassen,
wieder in den Wald eintauchen und auf dem siebten Kilometer wandern. Der erreicht die höchste Punktzahl aller
Einzelkilometer: 82,24! Alles stimmt auf Kilometer sieben:
die Wegbreite, der Wegebelag, das Landschaftsbild, die Markierung, keine Bauwerke. Und es ist wirklich so, man spürt
Kilometer sieben körperlich und seelisch, die Wanderlaune
steigt, es ist irgendwie alles stimmig.
　　Könnte man, überlege ich, nicht diesen Kilometer sieben
aus dem Wanderweg herauslösen, und nur diesen einen,

überragenden Kilometer des Waldsaumwegs wandern? Und dann zum nächsten Spitzenkilometer des benachbarten Premiumwegs reisen? So wie die Japaner, die in dreieinhalb Tagen alle Topsehenswürdigkeiten Europas in Rom, Paris, London und die Loreley abhaken. Highlight-Wandern? Herr Erber ist zu Recht dagegen. Jeder Weg braucht schwächere und stärkere Strecken. Ich lerne: Auf die Dramaturgie kommt es an. Ein Höhepunkt am Anfang, einer am Ende und ein paar Knaller zwischendurch, das ist eine tolle Dramaturgie. Wenn eine Schießerei, eine Autoverfolgungsjagd und eine Sexszene im Kino gleich hintereinander kommen, wird man ja auch schnell müde. Gut gesetzte Glanzpunkte, die behutsam eingefügt werden, das gilt auch für Wanderwege. Schon öfter habe ich Feinschmecker-Diskussionen unter Wanderprofis erlebt, ob man den Premiumweg XY lieber linksgedreht oder rechtsgedreht wandert, in welcher Wanderrichtung also sich der reinste dramaturgische Wandergenuss entfaltet. Ehrlich gesagt kann man die meisten Premiumwege in beiden Richtungen wandern, ohne Dramaturgie-Defizite befürchten zu müssen. Die einzige Ausnahme ist der Jakobsweg nach Santiago de Compostela. Der macht wirklich nur in eine Richtung Sinn. Aber das ist ja auch kein Premiumweg für »neue Wanderer«. Dazu später mehr.

Auf dem Waldsaumweg stimmt die Dramaturgie eindeutig. Auch Kilometer acht ist klasse. Wir genießen einen weiteren nahgerahmten Weitblick mit vielen Dominanzpunkten. Das Beste ist aber: Wir müssen nicht stehen, sondern machen es uns halb liegend auf einer sogenannten »Sinnenbank« gemütlich. Dabei geht der Trend auf Premiumwegen zur Zweitbank an Ort und Stelle, denn nichts ist doch ärgerlicher, als wenn man sich gerne niederlassen möchte und die Bank schon durch wandernde Holländer auf der Durchreise besetzt ist. Man kann die ja auch nicht **immer** vertreiben. Eine besondere Variante der Zweitbank hatten wir auf Kilometer sechs kurz hinter Britten gesehen.

Weil zu beiden Seiten des Wanderwegs die Aussicht toll war (aus der Entfernung sahen selbst die Wüstenrot-Warzen des Ortes niedlich aus, das musste auch Herr Erber zugeben), standen zwei einfache Bänke Rücken an Rücken. Heute den nördlichen Blick, morgen den südlichen: Natürlich auch nicht schlecht, wenn es in der Beziehung nicht so gut läuft und man sich nicht mehr viel zu sagen hat.

Zurück auf der »Sinnenbank« auf Kilometer acht. Wir liegen. Ich schließe die Augen, höre den Wind durch die Blätter rauschen und Vogelstimmen, die ich mal wieder nicht zuordnen kann. Trotzdem toll. Ich teile meine Gefühle meinem Therapeuten, Verzeihung, meinem Zertifizierer mit. »Gut, dass Sie das sagen«, meint Erber und kritzelt neue Hieroglyphen auf sein Klemmbrett. Das gibt »Immissionspunkte«, sagt er, ist doch klar. Ach so, wieder das Vokabelheft rausgeholt. »Immissionspunkte« gibt es für Ruhe, Vögel und Stille.

Auf den letzten beiden Kilometern spreche ich mit Klaus Erber über Markierungen. Selbstverständlich müssen diese durchgehend und an Wegkreuzungen und -abzweigen eindeutig sein. Das macht es selbst altgedienten Wanderführern leichter, die Karte im Rucksack zu lassen und den richtigen Weg zu finden.

Zwingend vorgeschrieben ist für einen Premiumweg eine »Backenmarkierung«. Von beiden Seiten soll man auf der Backe des Baums sehen, wo es langgeht, nicht erst, wie bei einer Stirnmarkierung, wenn man schon fast vorbeigelaufen ist.

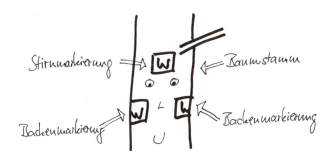

Schön ist der Begriff der Beruhigungsmarkierung, die muss ungefähr zwanzig Meter nach einem Abzweig kommen. Die Beruhigungsmarkierung klopft dem Wanderer auf die Schulter und sagt ihm: »Ruhig Blut, du hast alles richtig gemacht, du bist auf dem rechten Pfad, weiter so!« Die Markierung auf dem Waldsaumweg ist kilometerübergreifend vorbildlich. Fast. An zwei Weggabelungen fehlt eine eindeutige Markierung. Intuitiv war ich schon in die richtige Richtung gegangen, aber Erber sagt: »Gefühle allein reichen nicht.« Er würde aber gerne im Protokoll vermerken, dass die Markierung für das Gefühl von Herrn Andrack ausreichend gewesen wäre.

Alle Daten und Zahlen und Punkte seines Klemmbrett-Berichts muss Klaus Erber natürlich erst einmal in Ruhe zu Hause ausrechnen. Damit er auf eine Gesamtpunktzahl kommt, die magische »Erlebnispunktzahl«, mit der viele Touristiker werben. Über 40 Punkte qualifizieren zum Premiumweg, über 50 Punkte ist schon ziemlich gut, über 60 Punkte mehr als okay, über 70 Punkte spitzenmäßig und über 80 Punkte der Wanderhimmel. Die 92 Punkte des »Luftigen Grat« in Oberstaufen (siehe Liste des Wander-Planungs-Praktikum-Berichts) sind absolut unglaublich.

Eigentlich überflüssig zu erwähnen, dass es mit Punkten bewertete und klassifizierte Wanderwege ausschließlich im deutschen Sprachraum gibt.

Und wie steht es nun um den Waldsaumweg? Erber kann mir schon mal verraten, dass der Weg wieder ein Zertifikat bekommen wird. Das ist ein echter Streberweg, der sich mit Sicherheit sogar verbessert hat. Kritisch wird es, so Erber, wenn ein Weg das Klassenziel nicht erreicht und sitzen bleibt. Da hatte er schon mit tobenden und schreienden Bürgermeistern zu tun, die das nicht einsehen wollten. Sie hatten schließlich für die Zertifizierung bezahlt und standen nun ohne Premiumweg da!

Mir schwirrt der Kopf, und ich muss erst einmal einige neue Vokabeln lernen. Klaus Erber verabschiedet sich von mir und fährt zum nächsten Premiumweg, den er am Nachmittag seinem Wander-TÜV unterziehen muss. Der Zertifizierer ist ja nicht zum Spaß hier.

Nach wenigen Tagen sehe ich auf der Homepage des Wanderinstituts, dass der Waldsaumweg in der Tat bestanden hat. Bei der ersten Zertifizierung war er auf 56 Punkte gekommen, nun konnte er 63 Punkte erringen, eine Verbesserung von über zehn Prozent. Gefühlsmäßig stimme ich dem zu. Geht schon in Ordnung.

Kühe auf
der Weide

Der Bödefelder
Hollenpfad – Ein Traum,
bei Licht behandelt!

Die schwarze Hand

Nordic-
Walking-
Stöcke greifen
an's

Pilgerweg

Schützen-
wiese

Kreuzberg-
Kapelle

Hier
kreischten die
Kinder besonders
laut

Zu helle
Taschenlampe

Die Hollen-Tour –
Nachtwanderung und Wanderolympiade
Juni 2008

Ich war mal wieder wandern. In Bödefeld. Nicht zu verwechseln mit Herrn von Bödefeld aus der »Sesamstraße«. Nein, in Bödefeld im Sauerland, einem Ort in der Nähe von Winterberg. Ich war noch nie in Bödefeld gewesen, die Gegend ist eher ein Wintersport- als Wandergebiet. Ich kannte bisher Rockfestivals, Filmfestivals und Klassikfestivals. Nun wollte die Fachzeitschrift *Wandermagazin* ein sogenanntes Wanderfestival in Bödefeld ausrichten. Ein Feuerwerk an Wanderungen, Wanderwegen, versehen mit einem gewissen Glanz, sollte man wohl erwarten, wenn man die Veranstaltung schon Festival nannte.

Es war Frühsommer, ein später Samstagnachmittag, und als ich vor dem Platz der Schützenhalle eintraf, kamen bereits die ersten Wanderer ins Ziel. Sie waren schon am Vorabend zum sogenannten Hollenmarsch gestartet. Was oder wer genau »Hollen« sind, dazu später mehr. Der Hollenmarsch auf jeden Fall gehörte zur Kategorie »Menschen-gehen-sinnlos-an-und-über-ihr-Limit«. Zwei Strecken hatte man angeboten: über 67 und 101 Kilometer. Das waren keine Wanderungen, das waren eigentlich auch keine Märsche mehr, das war der pure Wahnsinn. Die armen Menschen waren die ganze Nacht durchgelaufen. (Damals ahnte ich noch nicht, dass ich auch einmal zu jenen Irren gehören würde, die 82 Kilometer gehen.)

Als ich die Schützenhalle betreten wollte, musste ich einem Wanderer auf einer fahrbaren Notfalltrage Platz machen. Immerhin, er brachte noch ein schwaches Lächeln zustande. In der Schützenhalle sinnierte ich lange vor der Losung der Schützenbrüderschaft, die in großen Lettern an der Stirnwand der Halle zu lesen war: »Glaube, Sitte, Heimat«. Wo war ich da nur hineingeraten? Das sogenannte Wanderfestival hatte neue, sinnliche Wandererfahrungen versprochen. »Glaube, Sitte, Heimat« konnte wohl nicht der entsprechende Slogan sein, der für das Neue Wandern stand.

Ich hatte mich für die 20-Uhr-Nachtwanderung auf dem Hollenweg angemeldet. Eine vernünftige Distanz von elf Kilometern sollte zurückgelegt werden. Und ich sah meine ersten Hollen. Drei Mädchen, in einer Art Fantasiekostüm aus Jutesäcken und Efeu, führten die Wanderung an. Hollen sind sagenhafte Waldfrauen, nicht so böse wie Hexen, eher so lieb wie Trolle. Und da eine Nachtwanderung angekündigt war, trugen die Hollen Fackeln, auch wenn es noch hell war. Ich zeigte den Mädchen, wie man eine Fackel halten kann, ohne sich selbst zu entzünden. Insgesamt waren es 350 Wanderer, unter ihnen auch zwei neunte Klassen einer Realschule aus Schmallenberg. Vorbildlich, dachte ich, hier wird die Jugend früh für den Wandersport begeistert.

Wir gingen in einer langen Schlange an irritiert glotzenden Kühen vorbei, später in einem Wald leicht bergan. Der erste Rastplatz nach gut einer Stunde war eine Schützenwiese, hell erleuchtet mit Schwedenfeuern – Baumstämme, die quasi innerlich verbrennen. Mittlerweile findet man sie in jedem gut sortierten Baumarkt. Ich lernte einige der

Mitwanderer kennen, die meisten waren Sauerländer. Aber weitestgehend unverdächtig, »Glaube, Sitte, Heimat« ein-tätowiert zu haben.

Als es nach der halbstündigen Pause weiterging, war es schon ordentlich dunkel geworden. Und je mehr sich die Helligkeit verflüchtigte, desto grausamer wurde diese Wanderung. Und ich hatte bereits geahnt, dass die vielen Nordic-Walking-Stöcke zum Problem werden würden. Meine Kniescheibe hatte vor ein paar Jahren eine un-angenehme Begegnung mit ein Paar Stöcken gehabt. Das war aber nichts gegen dieses Erlebnis, nachts in einem Pulk von Nordic-Walking-Junkies zu wandern. Von links und rechts im Sekundentakt gepikst zu werden ging ja noch. Aber als mir der Wanderer direkt vor mir seine Gehhilfe weit ausholend zwischen die Beine rammte, war ich mit meiner Geduld am Ende. Laut fluchend bahnte ich mir einen Weg aus dieser lebensbedrohlichen Gruppe. Und ging den Rest der Nacht mit großem Sicherheitsabstand zu allen Nordic Walkern. Mit einer Nachtwanderung hatte dieser Höllentrip wenig zu tun. Alle hatten sie Taschen-lampen, als würden sie gleich zu einer Höhlenexpedition aufbrechen und der Wald war angestrahlt wie eine Dorf-disco. Eine besonders furchtsame Frau neben mir glaubte hinter jedem Blatt, Baum und Strauch etwas Unheimliches zu entdecken. Sie leuchtete hierhin und dorthin, bevorzugt mir in die Augen. Ich versuchte sie insofern zu beruhigen, dass ich in ihrem Scheinwerferlicht nur ein paar abge-schlagene Arme und Beine hätte erkennen können. Nichts Wildes. Und sie wisse doch, dass sich der Ortsname Böde-feld etymologisch von »Dorf der Untoten« ableite. Es wird wohl ihre letzte Nachwanderung gewesen sein. Ich wollte jetzt aber zügig weiter, um bei diesem finsteren Ausflug schnell ans Ziel zu kommen.

Doch ich hatte nicht mehr an die Kinder gedacht. Von wegen kontemplative Stimmung der Nacht, die Stille des Waldes. Die kleinen Monster liefen schreiend und kreischend durch den Wald, benutzten Schimpfworte, die man im Glaube-Sitte-Heimat-Sauerland nicht vermuten würde. Während der letzten Kilometer wuchs in mir der Vorsatz, dass ich nie mehr an einer Nachtwanderung teilnehmen würde, bei der nicht ausdrücklich Taschenlampen, Stöcke und Kinder verboten sind. Und der Weg? Mag ja tagsüber ganz okay sein, konnte ich aber nicht beurteilen, es war ja dunkel. Für eine Nachtwanderung war er nicht geeignet, da er zu schmal war. Was bei Tageslicht langweilt, nämlich breite Forstwege, ist bei Nacht genau richtig, denn nur so kann man den Wegverlauf nachvollziehen, braucht keine Taschenlampen und muss sich auch nicht weiter gruseln. An Nachtwanderungen schätze ich eher Stille und, das mag viele überraschen: Dunkelheit.

Was Bödefeld wirklich zu bieten hat, wurde mir erst am nächsten Tag klar. Der Bödefelder Pilgerweg ist der steilste Kreuzweg der Welt. So kam es mir zumindest vor. Keuchend erklomm ich den Gipfel, wo ich vor sage und schreibe fünf Kapellen stand. In der größten dieser Kapellen, die andernorts schon eine Kathedrale wäre, hing ein Strick vom Glockenturm herab und animierte mich dazu, den Glöckner von Bödefeld zu spielen. Zurück am Ausgangspunkt des Pilgerwegs, schaute ich mir in der Kirche von Bödefeld die berühmte Schwarze Hand an. Dort lag in einer Mauernische eine mumifizierte, schwarze Kinderhand. Verschiedene Sagen ranken sich um die Hand, die hier seit 250 Jahren aufbewahrt wird, unter anderem jene von dem unartigen Kind, das seine Hand gegen die eigene Mutter erhob, worauf die Hand abfiel und auch im Sarg nicht verfaulen wollte. Egal, ob der Mythos stimmt oder nicht: Ich hatte also gar nicht so viel Unsinn in der vorangegangenen Nacht erzählt: Bödefeld war ein Dorf der Untoten.

Die Schwarze Hand

Was hatte das Wanderfestival ansonsten zu bieten? Aus einer Menge Einzeldisziplinen hatte man eine Wanderolympiade zusammengestellt, wo ich natürlich immer noch getrieben vom jugendlichen Sich-messen-Wollen teilnehmen musste. Zunächst trat ich beim Riesenschuhschnüren an. Ein Wanderschuh der Schuhgröße 70 musste mit ellenlangen Schnürsenkeln gebunden werden. Ich wurde meinem Ruf als Grobmotoriker (GROMO) gerecht, verhedderte mich oft, brauchte über eine Minute und belegte einen miserablen vorletzten Platz. Ein glatter Fehlstart in die Olympiade!

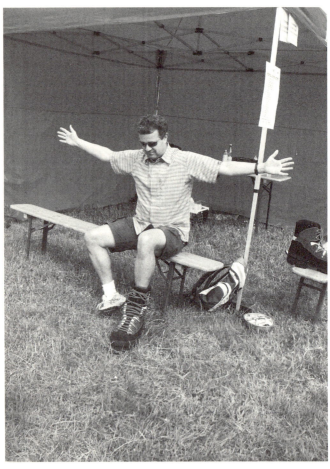

Wahrlich nicht die Bestzeit im Riesenschuhbinden

Beim Rucksackweitwurf wollte ich mit meiner bewährten Hammerwurf-Schleuder-Technik aufholen, musste aber enttäuscht von der strengen Kommission erfahren, dass dies nicht erlaubt war. Der 7,5 Kilogramm-Ranzen musste gestoßen werden, und so schaffte ich gerade 6,85 Meter. Damit landete ich auf dem äußerst undankbaren vierten Platz. Fünf Zentimeter war ich an Bronze vorbeigeschrammt! Nachdem ich beim Schlafsackwetthüpfen (Was hat denn das mit Wandern zu tun?) einen der hinteren Plätze belegt hatte, trat ich zum Blinde-Kuh-Zielwandern an. Es wurde im Prinzip die Fähigkeit getestet, mit verbundenen Augen geradeaus zu gehen und einen Pflock mit den Händen zu erhaschen. Die meisten verfehlten diesen Stab, ich hatte Erfolg, war aber nicht schnell genug für den Sieg. Immerhin ein dritter Platz, immerhin das Treppchen. Die letzte Disziplin war Distanzgefühlwandern. Die Aufgabe: Man sollte spüren und fühlen, wie weit man kommt, wenn man 100 Meter wandert. Weil ich schon immer ein Gefühl für die Distanz hatte, fuhr ich einen grandiosen Sieg ein. Leider half mir das in der Gesamtwertung nicht mehr entscheidend weiter. Aber mit Platz drei hatte ich dann gar nicht mal so schlecht abgeschnitten.

Für die nächste Wanderolympiade habe ich mir einige neue Disziplinen ausgedacht:

Auf die richtige Technik käme es beim Nordic-Walking-Stöcke-Speerwurf an. Während dieses Wettbewerbs dürfte im Wanderolympiastadion kein anderer Wettkampf ausgetragen werden. Die Gefahr, dass ein anderer Athlet von einem Stock durchbohrt werden würde, wäre zu groß.

Ich würde mich sehr auf den Neunhundert-Meter-Kuhzaun-Hürdenlauf freuen. In dieser Disziplin gäbe es eine

Einzelwertung sowie eine Staffelwertung, jeweils mit Beteiligung von überaus gereizten Stieren, die den Läufern auf den Fersen sind.

Ein ästhetischer Hochgenuss wäre das Zuschauen beim Dressurwandern. Statt Wanderhut sollte ein Zylinder für die teilnehmenden Wanderer Pflicht sein. Eine Fachkommission könnte während des Wettkampfs die Stilsicherheit der einzelnen Wanderfiguren beurteilen: Wie sauber wurde die Pirouette und die Volte gewandert? Wie elegant wurde die Piaffe (das Wandern auf der Stelle) ausgeführt, und wie harmonisch gelang die Passage (also die Verzögerung der Wanderbewegung in der Luft)? Ganz spannende Sache.

Die Königsdisziplin der nächsten Wanderolympiade aber könnte das Mountainbiker-Weitschleudern werden. Dabei ist dem Wanderer die Art und Weise, wie der Mountainbiker zu Fall gebracht wird, freigestellt. Gewertet würde nur die Distanz, die der Mountainbiker bis zum Aufprall zurücklegt.

Das Wanderfestival hatte an diesem Wochenende viel Konkurrenz: In Meschede war verkaufsoffener Sonntag und das Schützenfest in Schmallenberg. Deshalb beachtete kaum jemand den Kettensägen-Holzskulpteur, der höllenlaut sein Kunstwerk bearbeitete, oder die Musik und Interviews auf der Bühne. Glaube, Sitte, Heimat zieht eben doch mehr als Wandern, Wandern und Wandern. Ich hatte in Bödefeld das Neue Wandern gesucht und eine Art Wanderkirmes gefunden. Vielleicht eine Facette des neuen Wanderns, aber das sogenannte Wanderfestival konnte meine Sehnsüchte als Wanderer nicht befriedigen.

Süüüüß!!!

Bewertung der Nachtwanderung	
Glücksfaktor	★
Erlebnisfaktor	★★★★
Abenteuerfaktor	★★★
Sicherheitsfaktor	★★
Sportfaktor	★★
Abwechslungsfaktor	★★★★
Nervfaktor	★★★★★

Im Zittauer
Gebirge

Kurort Jonsdorf

Jonsdorfs Felsenstadt

Grenze

Kammweg auf Grenze

Buchberg

Ghs. Nonnenfelsen

Grenze

Hochwoot

Waltersdorf

Gipfel der Lausde

Myslivny (Jagdörfel)

Grenzerfahrungen im Zittauer Gebirge

Mai 2010

Reisen und speziell Wandern hat immer etwas mit Grenzen und Grenzerfahrungen zu tun. Loslaufen, den nächsten Berg bezwingen, 82 Kilometer wandern, das sind alles Grenzerfahrungen, wenn auch manchmal kleine. Auch die Überschreitung physisch-politischer Landesgrenzen ist fast immer aufregend und anregend. Beim Nachbarn sieht/riecht/schmeckt es doch immer anders als daheim. Deutschland ist mit sehr vielen angrenzenden Ländern gesegnet, neun Staaten insgesamt. Ganz besondere Grenzpunkte sind immer die Orte, an denen drei Länder zusammenstoßen. Als Westdeutschem sind mir die meisten der sieben deutschen Dreiländerecken wohl vertraut, und in den meisten war ich auch schon: am Bodensee, wo Schweiz, Österreich und Deutschland zusammentreffen, in Basel, wo sich Schweiz, Deutschland und Frankreich näherkommen, usw.

Doch verwunschen wird es am deutsch-polnisch-tschechischen Dreiländereck. Man befindet sich in Sachsen, aber erst seit 375 Jahren, wie die Einheimischen nicht müde werden zu betonen. Weshalb es auch nicht erstaunlich ist, dass die Ureinwohner nicht Sächsisch sprechen, sie rollen das »R« wie waschechte Texaner. Das kleinste deutsche Mittelgebirge findet man in der Oberlausitz: das Zittauer Gebirge.

Ich starte meine kleine, grenzerfahrende Wandertour in Waltersdorf, einem Ort mit ungefähr 300 Umgebinde-häusern, einer Lausitzer Bauspezialität. Wenn man durch Waltersdorf spaziert, muss man sich vorsehen, nicht ver-sehentlich auf »Kathrin und Peter« zu treffen. Die beiden sind das erfolgreichste Volksmusik-Duo der Lausitz. Und wenn man nicht aufpasst, nun, dann haken sich die beiden unter und schmettern dem verdutzten Wanderer ihre Hits ins Ohr: »Guter Wein und stramme Weiber«, »Ein rosarotes Segelboot«, »Mein Herz macht bum budi bum«. Bum budi bum! Vorsicht ist geboten, es kann wirklich grenzwertig werden.

Ich erklimme die Lausche, den höchsten Berg des Zittau-er Gebirges. 793 Meter hoch. Und ich merke schon nach den ersten der 300 Höhenmeter, die ich den Berg hinauf-stürme, dass die Lausche nicht ohne ist, nicht umsonst hieß der Berg früher Spitzberg. Die Umbenennung nahm im Übrigen die Stasi vor, die ja auch ein großer Lausche-Ver-ein war, aber im Volksmund »Horch und Guck« genannt wurde. Stopp, nein, falsch, es war doch nicht die Stasi. Schon 1631 wurde der Spitzberg zur Lausche. Es gab, habe ich mir sagen lassen, sehr erfahrene Alpinisten, die die Lausche mit dem K2 verglichen. Doch ich erreiche ohne Basislager den Gipfel. Ich blicke in Richtung ČSR, früher ČSSR, noch früher Böhmen. Angeblich kann man bei gutem Wetter bis zu den goldenen Dächern von Prag schauen. Nun, da muss man aber sehr, sehr gute Augen oder schon ordentlich einen im Tee haben. Ich sehe nichts, und wenn, dann nur, dass das mit dem kleinsten Mittelgebirge Deutschlands eine Marketingflunkerei ist. Jenseits der Grenze erstreckt sich das Zittauer Gebirge noch kilometerweit.

Böses Wortspiel: Kurz vor dem großen Lausche-Angriff

Der Gipfel der Lausche präsentiert sich mir sendermastbestückt und mit dem ersten Grenzstein der Wanderung: Vor mir das D, auf der anderen Seite das C. An dieser Stelle stand bis zum Zweiten Weltkrieg eine Baude. Baude kommt vom tschechischen Bouda, wir würden Bude, Hütte sagen. Das Besondere der Baude auf der Lausche war, dass quer durch die Schänke die Grenze verlief. Wenn die deutsche Grenzpolizei mal nachschauen wollte, ob die Dorfspitzbuben sich mal wieder in der Baude versteckten, haben die Halunken sich einfach einen Tisch weiter gesetzt, saßen somit in Tschechien und drehten den deutschen Polizisten eine lange Nase.

Ich gehe auf der tschechischen Seite den Berg hinab und erreiche Myslivny, formerly known as Jägerdörfel. Dort gibt es mehr Gaststätten als Einwohner und es riecht schon am frühen Morgen nach böhmischen Bratenspezialitäten.

Ich verlasse zügig Myslivny. Die Landschaft weitet sich, ich wate durch ein Hochmoor, dann ist da wieder die Grenze. Überraschenderweise komme ich aber nicht zurück nach Deutschland, denn ich kann den Bundesadler nicht entdecken. Aber ich erreiche zumindest den Freistaat Sachsen, der sich mit riesigem Wappen präsentiert.

Ich werde zum Grenzgänger. Der Kammweg verläuft exakt auf der Grenze bis zu einer Felsenformation oberhalb von Kurort Jonsdorf. Bitte nicht irritieren lassen, das »Kurort« gehört zu Jonsdorf, wie das »Bad« zu Oeynhausen und das »Wanne« zu Eickel. Und diese Felsenstadt vor Kurort Jonsdorf erinnert an eine städtische Fußgängerzone, in der man an den Schaufenstern entlangbummelt. Links entdecke ich eine große und eine kleine Orgel aus Stein – wie in den Auslagen einer Musikalienhandlung. Wenige Meter weiter hat ein Zoogeschäft einen steinernen Löwen im Angebot – Respekt! Und dann erwartet mich noch das schwarze Loch, ich finde, das Ding sieht eher aus wie eine schwarze Spalte. Egal, ob Loch oder Spalte, es handelt sich bei dem düsteren Durchgang auf jeden Fall um den Zugang zu den Mühlsteinbrüchen. Mühlsteine wurden hier von 1600 bis 1915 abgebaut und bis nach England und Russland exportiert. Ich verlasse die Felsenstadt und gehe an der Waldbühne von Kurort Jonsdorf vorbei zur Gondelfahrt. Ich bin etwas enttäuscht, dass ich nicht zur Felsenwand auf der anderen Talseite per Seilbahn hinauffahren kann. Das mit der Gondel muss ich wohl falsch verstanden haben, auf einem kleinen Weiher kann man mit einer »Gondel« über das Wasser setzen. Ich drehe um und gehe zurück auf den Kammweg. Sehr schnell gewinne ich an Höhe und komme an den Zigeunerstuben vorbei. Diese

Felsengruppe hat ihren Namen behalten, obwohl die Steine eigentlich mittlerweile korrekt Sinti-und-Roma-Felsen heißen müssten.

Beispiel für die sächsische Liebe zu Abkürzungen

Nur noch wenige Meter, dann habe ich die Nonnenfelsen erreicht. Und auch ein Ghs. Der Sachse liebt Abkürzungen auf seinen Wanderschildern, ob Ghs (Gasthaus), AP (Aussichtspunkt) oder DDFM (Deutsches Damast- und Frottiermuseum). Im Ghs lasse ich mich nieder. Und sehe viele Wanderer. Quod erat demonstrandum, denn: Die Sachsen sind ein Wandervolk. Neben den Thüringern und den Rheinland-Pfälzern sind sie deutschlandweit am häufigsten in Wanderschuhen unterwegs. Und die Sachsen können in ihrem Freistaat bleiben, denn dort gibt es viele exzellente Wanderwege. Wie viele Wege es zwischen dem

Nonnenfelsen und Waltersdorf sind, erfahre ich, als ich mich auf den Rückweg meiner kleinen Zittauer-Gebirge-Entdeckungstour begebe. Ich nehme nicht den Hohlstein-weg nach Waltersdorf, auch nicht den Quarksteinweg nach Waltersdorf, sondern den Dachssteinweg. Denn der Dachs-steinweg führt mich über den Buchberg. Dort entdecke ich den Code 875. Ehrlich gesagt, bin ich nämlich nicht wegen der vielen tollen Berge, Felsen, Wanderwege, Grenzsteine unterwegs. Ich möchte ein Heftchen vollständig ausfüllen, das ich am Start meiner morgendlichen Tour in die Hand gedrückt bekommen habe. Ich muss dafür alle 14 Berge des Zittauer Gebirges abklappern: Lausche habe ich schon, Sonnenberg auch, nun den Buchberg mit Code 875. Fehlen mir noch elf Berge. Es gibt also noch einiges zu entdecken, im kleinsten deutschen Mittelgebirge. Und das mit dem kleinsten deutschen Mittelgebirge ist wie gesagt eine Mo-gelpackung – das wissen auch die Waltersdorfer und Kurort Jonsdorfer. Denn so ein Gebirge löst sich ja nicht in nichts auf, nur weil eine Grenze gezogen wird. Auf tschechischer Seite findet das Zittauer Gebirge noch eine fast unendliche Fortsetzung. Für die Oberlausitzer ist das Etikett mit dem »kleinsten Mittelgebirge« praktisch, andererseits müssen sie Angst haben, dass die interessierten Wanderfreunde denken könnten, dass es nach ein paar Stunden nicht mehr »Neues« im Zittauer Gebirge zu entdecken gibt. Das ist nun mal überhaupt nicht so.

Die Frage nach dem »neuen« Wandern stellt sich in Sachsen übrigens nicht, es gibt dort keine zertifizierten Premiumwege. Die sächsischen Wandervereine haben sich selbstbewusst an höchster Stelle bei der Landesregierung des Freistaats verbeten, dass an ihre Jahrhunderte alten Wanderwege »neumodische« Kriterien angelegt werden. Hinzu kommt, dass die Sachsen als »Wandervolk« Nummer eins in Deutschland schon immer in den eigenen Regionen gewandert sind und daher für die sächsischen Wanderfreunde die neue Lust am Wandern gar nicht neu ist. Schade wäre nur, wenn das sächsische Wanderglück – wie im Zittauer Gebirge – den Nicht-Sachsen vorenthalten bliebe. Aus dem einfachen Grund, weil man vielleicht als Nicht-Sachse nicht auf die Idee kommt, dort zu wandern. Das wäre ein echtes Drama.

Bewertung	
Glücksfaktor	★★★★
Felsenfaktor	★★★★★
Erlebnisfaktor	★★★★★
Abenteuerfaktor	★★★★
Sicherheitsfaktor	★★
Sportfaktor	★★★★
Abwechslungsfaktor	★★★★★
Grenzerfahrungsfaktor	★★★★★

Sektkellerei

Jahnmuseum

Schloss
Neuenburg

Unstrut

Naturschutz-
gebiet
Tote Täler

Leipzig →

Unstrut

Großjena

Steinernes
Bilderbuch

Groß-Wilsdorf

Kleinjena

Saale

Erfurt

←

Saale

Naumburg/Saale

Unterwegs an der Unstrut –
ein neuer Wanderground

August 2009

Es gibt Fußballfans, deren Hobby ist es, so viele Fuß-ballstadien in ihrem Leben gesehen zu haben, wie es nur irgend geht. Egal, ob Fulham gegen Chelsea, Erzgebirge Aue II gegen FSV Zwickau oder Spiele der dritten rumänischen Liga. Man nennt diese Menschen Ground-hopper. Man könnte mich mit einigem Recht als Wander-groundhopper bezeichnen. Der besondere Reiz des Wan-derns besteht für mich in der Vielfalt der Wanderwege und dem Entdecken neuer Landschaften. Selten wandere ich einen Weg zweimal, das Neue reizt mich. Zuletzt fragte ich mich, ob ich schon alle Flächen-Bundesländer voll-ständig erwandert hatte. NRW, Heimatland, klar, alle süd-lichen Bundesländer: Rheinland-Pfalz, Saarland, Hessen, Baden-Württemberg, Bayern, selbstverständlich. Im Osten sind Thüringen, Brandenburg und Sachsen Pflicht. An den Küsten in Mecklenburg-Vorpommern, Schleswig-Holstein und Niedersachsen war ich auch schon unterwegs. Da hatte ich doch außer den drei Stadtstaaten alles komplett, oder? Halt, Sachsen-Anhalt fehlte. Schande über mich. In der Minute dieser Erkenntnis schnürte ich die Wanderschuhe und machte mich auf in den Osten. Mit dem ICE von Saarbrücken über Frankfurt und Erfurt in die Domstadt Naumburg an der Saale.

Meine Wanderung startete ich am Bahnhof von Kleinjena nördlich von Naumburg. Die Schrankenwärterin mit Zigarette im Mund schaute mich müde und genervt an. Ein Mann mit Unterhemd zog die Gardine beiseite und beobachtete mich interessiert wie ein seltenes Insekt. Viele »Fremde« scheinen an diesem Bahnhof in Kleinjena nicht auszusteigen. Ein Großjena gibt es auch, das liegt gegenüber an der Unstrut. Großjena ist aber auch noch mal 40 Kilometer von dem »richtigen« Jena entfernt, wo Friedrich Schiller seine Garten-Schreib-Laube hatte.

In Kleinjena

Ich ging durch den Ort, ein älterer Mann saß auf der Schaukel eines Kinderspielplatzes. Als er mich sah, sprang er auf und sprach einen enthusiastischen, aber mir leider unverständlichen Morgengruß. Dabei schwenkte er eine fast leere Schnapsflasche. Auf einem bezaubernden Hohlweg bergan, der auf einer Blumenwiese mündete, war jedoch der befremdliche Anfang der Tour schnell vergessen. Dieser Ort musste einer Werbung für Weichspüler entsprungen sein. Ich widerstand dem Drang, mich in die Wiese fallen zu lassen. Im Zweifelsfall konnte man sich dabei ja auch ganz schön wehtun.

Der folgende Anstieg war kurz und schmerzlos, und ich befand mich auf einem Hochplateau oberhalb der Unstrut. Die Unstrut würde mich heute den ganzen Tag begleiten. Weinberge waren allerdings noch nicht zu sehen. Schnurgerade ging es über einen Wiesenweg nach Groß-Wilsdorf. Am Horizont näherten sich zwei Männer gemächlich auf dem Rad, schienen über den Kornfeldern zu schweben, trafen sich, hielten an, schwatzten. Ich fragte sie, warum das nahe Naturschutzgebiet ehemaliges Sperrgebiet sei. »Erst war dort die NVA, dann die Russen, jetzt 27 Wildpferde,« war die lakonische Antwort.

Noch immer war das »ehemalige Sperrgebiet« eingezäunt, wahrscheinlich wegen der wilden Pferde. Nur einige wenige enge Durchgänge ermöglichten den Zugang zum Naturschutzgebiet. Über den Zaun zu klettern empfahl sich nicht, der hieß hier Powerzaun und schien ziemlich viel Strom auf dem Draht zu haben. Das Naturschutzgebiet hatte auch einen Namen: Tote Täler. Huch, ich dachte, es gäbe hier nur blühende Landschaften. Und dann das ostdeutsche Death Valley? Dabei wirkten die Toten Täler sehr lebendig. Die 27 Wildpferde sah ich allerdings leider nicht, nicht einmal eines. Doch in der Heidelandschaft um mich herum blühte es, dass einem die Tränen kommen konnten – wenn man Allergiker war. Dabei sollte es, hatte ich gelesen, besonders im Mai und Juni hier noch schöner sein. Be rühmt sind die Toten Täler für die vielen wilden Orchideen.

Ich war traurig, als ich viel zu schnell die Skyline von Freyburg über den Baumwipfeln erblickte. Ich war traurig, dass es bald vorbei sein sollte mit diesem Weg, es war zu schön hier. Ich machte Umwege, verlief mich ein wenig, geriet an eine Senke, die man prima als Kulisse für den Dreh eines Italo-Westerns hätte gebrauchen können. Eine Viertelstunde dauerte das Wandervergnügen in der Heidelandschaft noch, dann ging es wieder bergab Richtung Unstrut. Ich kam an einem steinernen Tisch mit feuchten moosgrünen Steinbänken vorbei. In der Mitte des mühlradgroßen Tisches thronte eine Sektflasche mit roter Kappe als Zeichen anhaltinischer Geselligkeit. Keine Skulptur, eher zufällig angeordneter Müll.

In Freyburg ging ich am Jahn-Museum vorbei. »Frisch, fromm, fröhlich, frei«, das Motto des deutsch-nationalen Turnmattenvaters, stand in Frakturschrift über dem Eingang des Museums. Dieses Turnväterchen war mir schon immer etwas suspekt gewesen. Da fand ich das unweit gelegene Etablissement mit dem Schild »Bowling – Therapie Zentrum« doch viel sympathischer. Ob dort erfolglose Bowling-Spieler psychologisch betreut oder doch eher Menschen mithilfe von Bowlingkugeln therapiert wurden? Beides erschien mir wesentlich sinnvoller, als mit dem alten Jahn frisch, fromm und frei zu turnen.

Freyburg ist größer, als es zunächst den Anschein hat. Auf der Homepage von Freyburg hatte ich gelesen, dass der Ort auf eine 1000-jährige Weinkultur blickt. Die Winzervereinigung wurde allerdings erst 1934 gegründet. Hm, das konnte ja nur ein blöder Rechenfehler sein. Am Ortsrand erreichte ich die traditionsreiche Sektkellerei Rotkäppchen. Die verschiedenen Gebäudeteile erzählten eine bewegte Geschichte. Zunächst fielen die alten Backsteinfassaden aus dem vorletzten Jahrhundert ins Auge, dann die sanitärgrünen Werkshallen aus der DDR-Zeit und schließlich die hässlichen Industrie-Einheitsbauten der Gegenwart. Gegründet wurde die Sektkellerei 1856. Kurze Zeit später kam die DDR, wenn ich das alles richtig verstanden habe. In der DDR hatte der Schaumwein Kultstatus, es war ein Luxus-Nahrungsmittel, hergestellt von der VEB Rotkäppchen. Es heißt, dass die DDR-Bürger immer einige Flaschen Rotkäppchen-Sekt bei langen Autofahrten im Kofferraum hatten, damit ihnen im Falle einer Autopanne zügig geholfen wurde. Nach der Wende wurde die Treuhand das Unternehmen nicht los, kein westdeutscher Sektmogul zeigte sich interessiert. Da schlugen vier Mitarbeiter zu, die seit vielen Jahren als leitende Angestellte, wie in der DDR die mittlere Managementebene hieß, im Betrieb gearbeitet hatten. Sie liehen sich Geld und machten Rotkäppchen zur erfolgreichsten Marke Deutschlands, Ost *und* West. Inzwischen hat man sich – Ironie der Geschichte – auch die westdeutschen Marken MM, Mumm und Geldermann dazu gekauft. Rotkäppchen gehört also weder gesichtslosen Heuschrecken noch einem Baron zu Freyburg, sondern ist eigentlich bis heute ein volkseigener Betrieb.

Die Sektkellerei

In der Kellerei setzte ich meine Wanderung fort und betrat einen kühlen Raum mit toller Akustik und sakraler Optik: den Domkeller. Hier hatte Exkanzler Gerhard Schröder auf seiner legendären Sommer-Tour im August 2000 vorgeglüht, bis er lallte: »Hol mir ma 'ne Flasche Bier, sonst streike ich.« Ich betrachtete das mit fast fünf Meter Höhe unfassbar beeindruckende Holzfass. 160 000 Flaschen Wein passen dort hinein. Theoretisch, denn es wird nicht mehr genutzt. Die Produktion von Rotkäppchen-Sekt wurde in sterile Stahlfässer verlegt.

Um wirklich etwas über die Weine der Region zu erfahren, muss man in die Weinberge rund um Freyburg gehen, zum Beispiel zum Schloss Neuenburg. Der Weg dorthin ist nicht zu verfehlen. Es gibt nicht **einen** Wanderweg dort hinauf, sondern eine ganze Handvoll. Also fragte ich einen drahtigen Mann, der mir in Begleitung eines superweißen Hundes beim Aufstieg begegnete. Auf dem Rücken trug er eine Kiepe mit seinem Großeinkauf. Im Sommer lebte er auf dem Weinberg. Er empfahl mir den Weinweg, einen kurzen Lehrpfad, der am Zwinger des Schlosses mit perfekter Aussicht auf das Unstrut-Tal endete.

Auf dem Weinlehrpfad am Schloss

Der Mann mit dem superweißen Hund hatte recht gehabt. Die Aussicht auf Freyburg war in der Tat großartig. Und der Weinweg machte mich schlauer. Um es anschaulicher zu machen, wachsen an diesem Lehrpfad für Weinkunde Trauben eines jeden Weines, der an der Unstrut angebaut wird: der Grauburgunder, der Trollinger und der Dornfelder, den man den Enkel des Trollingers nennt. 1956 gelang Immanuel Dornfeld die Züchtung unter Verwendung des Großvaters Trollinger. Wieder etwas gelernt. An der Saale-Unstrut wachsen aber vor allem Müller-Thurgau und viel Silvaner, dessen Heimat im wilden Kurdistan oder tatsächlich in Transsylvanien vermutet wird. Die Trauben des Portugiesers kommen, lehrte mich der Weinweg, dagegen aus Ungarn. Beim Wein scheint man keine Integrationsprobleme zu kennen und liebt die Trauben mit Migrationshintergrund.

Gemein, dass ich für einen Gang über den Zwinger schon den vollen Preis für die Schlossbesichtigung gezahlt hatte. Auf verstaubte Himmelbetten und dunkle Porträts hatte ich nämlich eigentlich keine Lust. Ich besichtigte aber trotzdem das Schloss-Museum. Wenn ich schon für alles bezahlt hatte, wollte ich auch alles sehen. Und hören. Mein persönliches Highlight war eine Nische, in der man unter Kopfhörern mittelalterlichem Liedgut lauschen durfte. Unter anderem Walther von der Vogelweides Gassenhauer »Atzeton« von 1204. Was die damals schon für eine ausgefeilte Aufnahmetechnik hatten! Die Sprache des Atzeton hört sich ein wenig wie das an, das manche Menschen sehr unschön als Kanakendeutsch bezeichnen.

Ich öffnete ein Fenster im zweiten Stock des Schlosses,

um das besser sehen zu können, worüber sich die Experten streiten. In das Mauerwerk ist eine hockende Statue einge-arbeitet, die deutlich älter als die Burg ist. Der Schädel sah gespalten aus. Man weiß nicht, ob es sich um einen urzeitlichen Herrscher handelt oder um eine Fruchtbar-keitsgöttin, die ihre Vulva präsentiert. Da die Steinstatue einen Riss im Schädel aufweist, der wie ein Blitz aussieht, würde ich eher auf die erste erhaltene Harry-Potter-Figur tippen.

Ich verließ das Schloss und wanderte weiter entlang der Unstrut. Das war ein wenig öde, weil es sich um einen Radweg handelte. Interessant wurde es erst wieder an der Mündung der Unstrut in die Saale. In den Felsen hat man dort ein steinernes Bilderbuch gehauen. Erst Death Valley, nun Mount Rushmore – statt der Porträts amerikanischer Präsidenten gibt es einen Comicstrip über Wein. Ich sah König David als Harfenspieler, kleine Knaben, die Trauben in den Händen halten, sich um einen Sänger im Ringeltanz drehen. Und ich sehe die Berauschung Lots durch seine Töchter. Mit einer Rollfähre ohne Motor, die durch die Strömung der Saale angetrieben wurde, erreichte ich das andere Ufer. Bis zum Bahnhof Naumburg waren es dann noch zwei Kilometer. Da es keinen nördlichen Zugang gab, ging ich über eine Brache zu den Gleisen. Auch wenn mir nichts passiert ist, bitte nicht nachmachen!

Fazit: Der Tag an der Unstrut war wunderschön, aber zu kurz. Ich habe noch nicht mal den Dom von Naum-burg gesehen oder die Himmelsscheibe von Nebra. Und mal ehrlich: Zu wenig Wein von der Unstrut habe ich auch getrunken, nur zwei Gläser des Edelsekts in Freyburg. Von allem nicht genug, und deshalb werde ich wohl nach

Sachsen-Anhalt zurückkehren, um mir dort noch mehr zu erwandern und weitere Wanderground-Punkte zu sammeln.

Bewertung	
Glücksfaktor	★★★
Erlebnisfaktor	★★★★
Abenteuerfaktor	★★
Sicherheitsfaktor	★★★★
Sportfaktor	★★★
Abwechslungsfaktor	★★★
Weinfaktor	★★★★★

Ein Befehl: Wanderer,
werde Mitglied im Wanderverein!

Ich bin Verbandsmitglied im Deutschen Wanderverband. Hätte ich gar nicht gedacht. Dass ich Mitglied im Eifelverein und im Saarwaldverein bin, das wusste ich wohl. Und da diese beiden Wandervereine wiederum Teil des Deutschen Wanderverbands sind, bin ich auch Teil des deutschen Wanderverbands. Hurra! 90 Cent jedes Mitgliedsbeitrags fließen an den Dachverband in Kassel, das machen bei mir schon stolze 1,80 Euro im Jahr. Wäre ich Mitglied bei allen 57 Wandervereinen Deutschlands, würden sogar 51,30 Euro abgeführt. Wahnsinn! Das hätte ich alles nicht in Erfahrung gebracht, wenn ich nicht die Geschäftsführerin des Wanderverbands, Ute Dicks, besucht hätte. Sie hat ihr Büro im gleichen Gebäude, in dem auch das Landesjugendamt des Hessischen Sozialministeriums und die Staatliche Treuhandstelle für ländliche Bodenordnung untergebracht sind. Die Residenz des Wanderverbands ist weit entfernt von den Schönheiten der Natur.

Im Deutschen Wanderverband gibt es viele große Vereine wie zum Beispiel »meinen« Eifelverein, den Schwäbischen Albverein oder den Erzgebirgsverein. Aber auch sehr kleine Gruppierungen wie den Knüllgebirgsverein von 1884, den Wander- und Lennebergverein »Rheingold« oder den Baumberge-Verein (125 Mitglieder, schon seit 1954 dürfen

auch wanderbegeisterte Damen dem Verein beitreten!).
Andere Wandervereine operieren fernab ihres ursprüng-
lichen Gründungsgebiets: Der Riesengebirgsverein und
der Mährisch-Schlesische Wanderverein sind Vertriebenen-
Wandervereine. In 125 Jahren ist topographisch-historisch
einiges passiert in Deutschland, und das hinterlässt auch in
der Geschichte des Wanderverbands seine Spuren, erzählt
mir Frau Dicks.

Wenn es richtig bergig wird wie in Bayern oder auch
kletterig wie in der Sächsischen Schweiz, dann bevorzugen
die Wandervereine als Dachverband den Deutschen Alpenverein, was man beim Deutschen Wanderverband nicht so
gern sieht. Man ist da richtig neidisch, denn im Gegensatz
zum Wanderverband haben die Alpenvereine keine Mit-
glieder- oder Nachwuchssorgen. Überrascht hat mich der
Grund, schließlich wandern die Menschen mehr, als dass
sie klettern. Es liegt an den Kletterhallen, die in den Groß-
städten immer mehr Zulauf haben. Dort bekommt man
Rabatte, wenn man Mitglied im DAV ist. Wäre doch mal
eine hübsche Idee für den Wanderverband: Wanderhallen
als überdachtes Indoor-Erlebnis.

»Was macht nun der Wanderverband eigentlich?«, frage ich
Frau Dicks. »Ein wichtiges Feld ist der Naturschutz«, erklärt
sie. Ich finde, dass der Eifelverein diesbezüglich ein sehr
ambivalentes Verhalten an den Tag legt. Einerseits ziehen
sie gegen böse Windräder zu Felde, andererseits finden sie
den Weiterbau der A1 richtig, damit der Eifeltourismus
angekurbelt wird. Ich sehe schon die spanischen und französischen Brummifahrer, wie sie mal einen kurzen Stopp
einlegen und ihre Wanderschuhe schnüren.

Außerdem kümmert sich der deutsche Wanderverband um das Schulwandern. Damit aus dem guten alten Wandertag wieder ein **Wander**tag wird, und es sich nicht mehr – wie oft üblich – um einen Freizeit- und Vergnügungspark-Tag handelt.

»Kernaufgabe aber ist die Pflege der Wege«, sagt Frau Dicks. Der Weg ist das Ziel. Die Mitgliedsverbände des Wanderverbands betreuen um die 400 000 Kilometer Wanderwege, sie markieren neue Wege und kontrollieren die Zeichen. Die touristischen Premiumwege sind das eine, die Basis bilden allerdings die Wege der Wandervereine. Und diese Markierungsarbeit ist sehr zeitaufwendig, das kann ich aus eigener Erfahrung sagen. Beziehungsweise aus meiner Nicht-Erfahrung. In meinem zweiten Wander-buch hatte ich noch getönt, ich würde auf dem neu zu markierenden Kölnpfad allen schlechten Wegemarkierern mal zeigen, was eine Kennzeichnungsharke ist. Ich nahm sogar an einer Art Markierungskurs teil. An welchem Pfahl darf man einen Aufkleber anbringen, an welchem nicht? Wie schabt man die Rinde von den Bäumen, wie bringt man die Farbe für die Grundierung an (nur bei trocke-nem Wetter!!), wie lange lässt man sie dann trocknen, um auf dem Rückweg mit einer Schablone die eigentliche Markierung anzubringen? Eine komplette Wissenschaft für sich. Als ich dann noch hörte, dass man für ein bis zwei Kilometer Markierung einen ganzen Tag rechnen muss, verlor ich schnell die Lust. Und als die Kölnpfad-Leute sahen, dass die einzelnen Wegepaten völlig unterschiedlich markierten, starb der Plan mit den Markierungshelfern von der Basis. Der Kölnpfad wurde dann von den Profis des Kölner Eifelvereins markiert. Apropos Kölner Eifelverein.

Ich bin zwar Mitglied im Eifelverein, aber ich bin nicht Mitglied im Kölner Eifelverein, die einen haben sich mit den anderen schon Ende des 19. Jahrhunderts so sehr gezankt, dass man sich trennte. Seitdem gibt es das Kölner Wanderschisma: Es existiert eine Ortsgruppe Köln im Eifelverein und ein Kölner Eifelverein.

Sobald man in Deutschland auf Verbände trifft, ist die Politik nicht weit. Frau Dicks berichtete, dass viele wandernde Bundestagsabgeordnete nicht wissen, wie die Markierungen an die Bäume kommen und dass 3,5 Milliarden Stunden ehrenamtliche Wandervereinsarbeit dafür aufgebracht werden. Landesregierungen, Parteien und die Bundesregierung werden deshalb vom Wanderverband sanft daran erinnert, doch mal so etwas wie ein Deutsches Wandergesetz zu initiieren. Da geht es um steuerliche Absetzbarkeit und Geld aus den immer noch übervollen Lotto/Toto-Töpfen, um eine Art Gleichstellung der Wandervereine mit den Sportvereinen. Lobbyarbeit vom Feinsten. Den Chef aller Deutschen haben die Wanderverbändler dabei traditionell auf ihrer Seite: Jeder Bundespräsident ist Schirmherr des deutschen Wanderverbands, seit Karl Carstens in seiner Rede zum Amtsantritt 1979 das Wandern zur nationalen Aufgabe erhoben hatte. Und jeder Bundespräsident seit Carstens hat die angenehme Aufgabe, die Eichendorff-Plakette zu verleihen, eine Art Bundesverdienstkreuz des Wanderns. Die Plakette zeigt auf der einen Seite den Freiherrn von Eichendorff und auf der anderen den Bundesadler mit der Schrift: »Für Verdienste ums Wandern, Heimat und Umwelt«. Ich warf mich ein wenig in Positur, als Frau Dicks von der Plakette erzählte, also, ich meine, wäre die Eichendorff-Plakette nicht auch was für mich, wegen meiner Verdienste für das Wandern und so? Frau Dicks zog mir den Stecker: Diese Plakette wird nur an umtriebige Wandervereine verliehen. Schade.

Umtriebig müssen die Wandervereine auch sein, denn der Mitgliederschwund und die Überalterung sind, wie in allen deutschen Vereinen, eklatant. Man nutzt jetzt den demographischen Wandel, heißt es euphemistisch, und kümmert sich um Neuzugänge bei der Generation Ü60. Hört sich nicht gerade nach einem Zukunftsmodell und Wanderboom an. In Zahlen heißt das: Der Deutsche Wanderverband hat 600 000 Mitglieder, der Deutsche Alpenverein 800 000, das sind zusammen 1,4 Millionen organisierte Wanderer und Kletterer. Dagegen stehen insgesamt 40 Millionen weitestgehend unorganisierte Wanderer. Vielen gilt das Vereinswandern als muffig, spießig, altbacken. Vielleicht ist das so. Die Formel »Wandern, Heimat und Umwelt« treibt eben nicht jedem Tränen der Rührung in die Augen. Auch der Vereinsgruß vieler Wandervereine »Frisch auf!« ist gewöhnungsbedürftig. Und wenn als vorletzter Tagesordnungspunkt der Jahreshauptversammlung »Wir singen gemeinsam ein Lied« vermerkt ist, dann wundert einen eigentlich nichts mehr. Alles aber meiner Meinung nach kein Grund, als Wanderer nicht Mitglied in einem Wanderverein zu werden. Man ist ja nicht gezwungen, mit »Frisch auf« zurückzugrüßen und das gemeinsame Lied zu singen.

Daher nun mein Appell: Wenn Sie gerne wandern, werden Sie bitte Mitglied in einem Wanderverein Ihrer Wahl. Was das bringen soll, wenn man keine Lust auf das gemeinsame Vereinswandern hat? Zum Beispiel eine wirklich tolle Mitgliedszeitschrift frei Haus wie zum Beispiel

Die Eifel des Eifelvereins oder die *Blätter des Schwäbischen Albvereins.* Außerdem: Die Mitgliedschaft in einem Wanderverein ist meines Erachtens eine Art freiwilliger Obolus, eine Wegegebühr, denn die Wandervereine kümmern sich eben um das deutsche Wanderwegenetz. Dafür sind 25 bis 30 Euro im Jahr wirklich nicht zu viel verlangt, finde ich. Wanderer, hört die Signale und werdet Mitglieder des Wanderverbands!

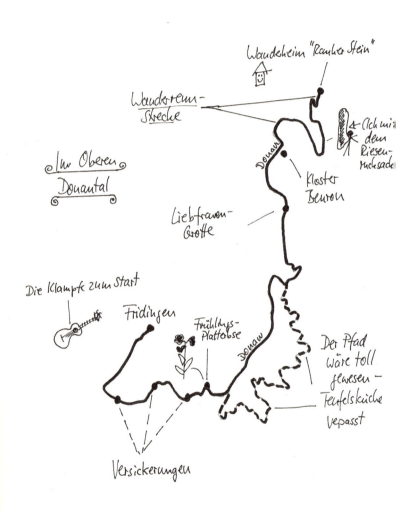

Von Frühlingsplatterbsen und Wanderhandtüchern – Unterwegs mit dem Wanderverein Oberboihingen

August 2009

Hand aufs Herz, an was denken Sie, wenn Sie Schwaben hören? Jede deutsche Landsmannschaft schleppt sich mit unausrottbaren Vorurteilen herum. Der Sachse hat einen komischen Dialekt, der Rheinländer ist immer gut drauf und der Bayer trinkt schon zum Frühstück drei Maß. Und der Schwabe? Der Schwabe ist fleißig (Schaffe, schaffe, Häusle baue), sauber (Kehrwoche), strebsam und arbeitet »beim« Daimler. Der Schwabe ist also eine Mischung aus einem Schweizer und einem Schotten.

Eins aber ist auch klar: Der Schwabe wandert gern, und eine Mitgliedschaft im Schwäbischen Albverein ist Pflicht. Ich wurde vor ein paar Jahren von den Mitgliedern der Ortsgruppe Oberboihingen aus dem Teck-Neuffen-Gau des Schwäbischen Albvereins, die besonders fleißig-strebsam-schwäbisch sind, mit Anfragen überschüttet, ob ich denn nicht einmal mit ihnen wandern wolle. Da ich ein Herz für Schwaben habe, sagte ich 2008 für zwei Tage zu.

Im Juni 2010 sah ich dann die Gruppe in Fridingen an der Donau wieder: Richard, Armand und Martin, Hannelore, Ute und Gertrud. Die einzigen Städte an der Donau, die ich bisher bereist hatte, waren Ulm, Regensburg und Wien gewesen.

Meine Wanderfreunde Richard (links) und Armand (rechts)

Insgesamt waren es vierzig schwäbische Wanderfreunde, und ich sollte der Zweitjüngste sein. Beim Frühstück trugen alle grüne T-Shirts mit dem Aufdruck: »Albwanderung Nordrandweg 2010«. Das stimmte zwar nicht ganz, denn dort waren wir 2008 gewandert. Und auf dem Rücken prangte der Sponsor: »Gasthaus & Café Fass, Oberboihingen, Gemütlich Schwäbisch«. Vor zwei Jahren war der Sponsor der »Fliesenleger-Meisterbetrieb Klein (Ihr Meisterbetrieb seit 1965!)« gewesen. Alle T-Shirts waren aus schöner dicker Baumwolle – bei sommerlichen Temperaturen eine Garantie für XL-Schweißflecke und einen strengen Geruch. Nun, ohne Wanderuniform ging es nicht, und im Gegensatz zum Rest der Gruppe, die Gepäck für eine ganze Wanderwoche schulterten, hatte ich ja nur einen kleinen Rucksack für einen Tag dabei.

Im Frühstücksraum wurde schon die Zimmerverteilung

für die folgende Übernachtung organisiert. Im Wanderheim »Rauher Stein«, unserem Tagesziel, gab es Vierbettzimmer, Sechsbettzimmer sowie ein Einbettzimmer. Gerd zog den Hauptpreis, das Einbettzimmer. Der Applaus war verhalten, Neid klang durch. War das ausgelost worden oder hatte keiner mit Gerd ins Zimmer gewollt, weil der schnarchte? Oder hatte Gerd einfach das meiste Bestechungsgeld gezahlt? Warum Gerd das Einzelzimmer bekommen hatte, wurde mir nicht klar. Meine Vorfreude hingegen war groß: Ich würde in einem Vierbettzimmer nächtigen, unter anderem mit Martin.

Martin hatte am Vorabend meinen Schatz an Trinkweisheiten erweitert. »Fünf Bier sind ein Schnitzel und dann hast du noch nichts getrunken.« Oder: »Kein Frühstücksschnaps ist pures Gift.« Vor dem zweiten Nutella-Brötchen stieß ich Martin in die Seite und fragte ihn nach dem Frühstücksschnaps. Zwei Minuten später standen zwei Gläschen vor uns. Na ja, so war das ja eigentlich nicht gemeint gewesen, sagte ich, das war eher ein Witz gewesen. Doch Martin schaute jetzt ernst: »Erscht gackere, und dann kneife, nix da.« Na denn, Prost.

Deshalb habe ich auch nicht protestiert, als zur Gitarre gemeinsam »Im Frühtau zu Berge« gesungen wurde, bevor wir schließlich loswanderten. Ganz ohne Frühtau und Fallera ging es durch das obere Donautal. Wir liefen direkt am Fluss entlang, der hinter Fridingen eher ein Flüsschen ist. Im Wasser wurden Luftblasen sichtbar. Wo kamen die her? Fische oder furzende Taucher? Lösung: eine geologische Besonderheit. Es war eine der Stellen, an der die Donau keinen Bock mehr hat, weiter Richtung Schwarzes Meer zu fließen, sondern sich magisch vom Rhein angezogen fühlt. Eigentlich logisch, einmal den Kölner Dom zu sehen, das weiß doch jedes Kind, ist einfach das Größte. Die Donau versickert an diversen Stellen in ihrem Oberlauf, an manchen Tagen ist das Flussbett komplett ausgetrocknet. Das verschwundene Donauwasser taucht dann einige Kilometer südlicher in der Aach wieder auf, die wiederum in den Bodensee fließt, der wiederum in den Rhein mündet, der wiederum an Loreley und Kölner Dom vorbeifließt.

Neben Donau-Versickerungen und dem Verhältnis von Bier zu Schnitzel sind Martins eigentliches Spezialgebiet Blumen. Er zeigte mir die Frühlingsplatterbse. An ihrer Färbung kann man erkennen, ob sie schon befruchtet wurde oder noch auf Bestäubung wartet. Befriedigt – blau. Unbefriedigt sieht die Frühlingsplatterbse rot. Das musste ich mir diesmal merken, denn Martin hatte mir das schon vor zwei Jahren erklärt, ich fand das auch echt interessant, hatte aber sowohl den Namen der Blume als auch die Zuordnung der Farben mittlerweile wieder von der Festplatte gelöscht. Jetzt ist es gespeichert. Hoffentlich.

Auf gar keinen Fall werde ich aber den Frauenschuh vergessen. Die Blume sah wirklich wie ein Frauenschuh aus. In Frankreich heißt das Gewächs *sabot de vénus* – Holzschuh-Venus. Diese zusätzliche Information bekam ich nicht von einem Schwaben, sondern von Armand, einem Franzosen aus dem Elsass, der seit Jahrzehnten mit den Oberboihingern wandert. Armand ist Vizepräsident des Französischen Wanderverbands und die Verbundenheit mit dem Schwäbischen Albverein belegt die deutsch-französische Freundschaft. Da Armand in Frankreich Deutschlehrer war, spricht er fließend und akzentfrei Deutsch und kann sogar das meiste verstehen, was seine schwäbischen Wanderfreunde mit ihm besprechen wollen.

Martin, der Mann mit dem Strohhut, hat das Blumenbestimmungsbuch schon in der Hand

Martin zeigte mir noch die Gemeine Hundezunge, die Nesselblättrige Glockenblume und den Kriechenden Günzel. Ich hatte langsam einen Verdacht. Könnte es sein, dass mich Martin hier ganz schön auf den Arm nahm?

Hundezunge, Günzel, kriechend. Mir kam diese ganze Blumenbestimmerei wie ein Spiel aus einem irren Wort-Assoziations-Baukasten vor. Ich war drauf und dran, Martin mit meinen Kenntnissen über den schorfigen Pfaffenhut oder die siebenblättrige Peitschentulpe zu überraschen. Aber plötzlich wurde das Tal von riesigen Felsformationen überragt, die mich an meine Wanderung im Osten der Schwäbischen Alb 2008 erinnerten.

An der Brenz, einem Fluss in der Gegend von Heidenheim und Aalen, genauer, im Eselsburger Tal, war ich allein gewandert. Wenig überraschend, thront über dem Eselsburger Tal die, jawohl, Eselsburg. Ich ging an einem weitestgehend baumlosen Hang entlang. Durch karges Grün brachen viele Muschelkalkfelsen hervor. Das Landschaftsbild erinnerte mich an alpine Gegenden oberhalb der Baumgrenze oder die schottischen Highlands. Und dann stand ich vor den »Drei steinernen Jungfrauen«.

Einer Legende nach gab es auf der benachbarten Eselsburg ein hartherziges und männerhassendes Burgfräulein, das ihren Zofen den Umgang mit Männern verbot. Als sie allerdings drei ihrer Mädchen im Eselsburger Tal beim Poussieren erwischte, wurde das frigide Burgfräulein sehr böse, verwünschte die drei Jungfrauen, die daraufhin zu Stein wurden. So weit die Legende. Wenn man sich nun die drei Felsen anschaut, die stalagmitenhaft in die Höhe wachsen, können die Jungfrauen keine Schönheiten gewesen sein. Dünne Köpfchen, Riesenhintern und Elefantenbeine, eigentlich unvorstellbar, dass mit denen ein Mann geflirtet haben soll.

Die drei steinernen Jungfrauen

Aber vielleicht hatten die Schwaben auch einfach nur zu tief ins Glas geschaut, als sie den drei Felsen diesen Namen gaben. Ich schlage daher andere Namen und Legenden vor. Man kann sich je nach Geschmack eine aussuchen.

Erste Legende: Drei Riesen mit Zipfelmützen waren im Eselsburger Tal auf Wanderschaft. Wegen der Zipfelmützen hatten sie den Spitznamen Zwergriesen. Sie rasteten an der Brenz, nahmen ihre Mützen ab und tranken vom mitgebrachten Selbstgebrannten. Als sie sturztrunken weitergingen, vergaßen sie ihre Kappen. Seitdem heißen die Felsen die »Drei Zipfelmützen«. Na gut, diese Version der Geschichte ist nicht so überzeugend. Wie wäre es also mit dieser Legende: Zwei Riesen spielten einmal an der Brenz Mensch-ärgere-dich-nicht. Einer verlor fürchterlich, hatte immer noch drei Figuren im Häuschen, als der andere schon gewonnen hatte. Wutentbrannt schleuderte er die drei Spielfiguren durch das Tal, wo sie dann liegen blieben. Seitdem heißen die Felsen die »Drei Mensch-ärgere-dich-nicht-Spielfiguren«. Hm, zugegeben, ein etwas sperriger Name.

Nun gut, dann favorisiere ich folgende Legende: Drei Riesen wanderten durch das Eselsburger Tal und mussten ganz dringend mal groß. Den Namen der drei Felsen können Sie sich ungefähr denken.

Zurück zu meiner Wanderung mit dem Schwäbischen Albverein, Ortsgruppe Oberboihingen. Wir waren stehen geblieben. »Oje, wenn die Wanderführer die Karte zücken müssen, dann ist ordentlich etwas schief gelaufen«, verriet mir Richard. Wir hatten wohl das Felsenensemble Teufelsküche verpasst. Doch man musste, wenn man sich die Wanderkarte anschaute, von völligem Versagen der Wanderführer sprechen. Wir hätten seit über einer Stunde über einen großartigen Pfad oberhalb der Donau mit atemberaubenden Ausblicken gehen und die Teufelsküche genießen können. Stattdessen stapften wir stumpf am Fluss entlang und mussten immer wieder kreischenden Radfahrern Platz machen. Inklusive Begleitfahrzeugen in Transportergröße, die über den kombinierten Wander- und Radweg an der Donau heizten, als wären sie bei der Tour de France unterwegs. Das war kein Wanderspaß. Ich werde nie mehr etwas gegen einzelne Mountainbiker sagen, die sind echt harmlos gegen johlende Fahrradgruppen mit Senioren, die sich kaum auf dem Rad halten können. Aber nachdem die Wanderführer ihr Kartenstudium beendet hatten, ging es endlich aus dem Tal hinauf zu Schloss Bronnen. Nach einer kurzen Rast dann wieder talwärts an aggressiven Hofhunden vorbei ins Liebfrauental. Dort erwartete uns eine riesige Mariengrotte, geschmückt in wahrhaft lateinamerikanischer Farbenpracht. Am liebsten lese ich immer die individuellen (»Maria hat geholfen!«) Dankestäfelchen und die Sprüche der Gläubigen. Im Liebfrauental war mir ein selbst gemaltes Bild einer Jungfrau aufgefallen, auf dem zu lesen stand: »Maria hat zwar nicht geholfen, aber ich mag sie trotzdem ganz gern.« Wir wanderten weiter durch das Tal der schmalen Donau, als ein aufgeregter Schwabe neben mir rief: »Kloschter in Sicht!« Kloster Beuron, eine Jahrhunderte alte Pilgerstätte an der Oberen Donau war in Sichtweite, wenig später stand ich vor dem drei Meter großen Pilgerdenkmal. Der Bursche aus Stein hatte einen riesigen Hut, einen sehr langen Wanderstab und eine sehr kleine Trinkflasche. Ob das gut gehen konnte bei einer langen Pilgertour? Für alle Pilger aus Fleisch und Blut gab es im Kloster Beuron unter anderem Pilgerausweise, Übernachtungstipps und »Ein gutes Wort«. Aber für jeden Pilger nur eines, nicht drängeln. Wir besichtigten die imposante Klosterkirche und die Klostermetzgerei mit Spezialitäten wie den »Beuroner Wanderwürstchen«, der Dosenwurst (Bierwurst, Lyoner, Saure Kutteln) und der »Beuroner Breitseite«.

Kurze Zeit später musste ich auf die Toilette. Nichts Besonderes eigentlich. Man hat sich längst daran gewöhnt, dass so eine Toilettennutzung nicht umsonst ist. Im Toilettenhäuschen des Kloster Beurons musste man die Tür zahlen, um abschließen zu können. Immerhin ließ einem das noch die Wahl: Investieren in eine geschlossene Tür oder

Geld sparen mit dem Risiko eines Überraschungsbesuchs. Auf Letzteres hatte ich keine Lust, also kramte ich nach Kleingeld. Ich benötigte drei Zehn-Cent-Stücke. DREI! ZEHN! CENT! STÜCKE! Jetzt mal ehrlich, das Zehn-Cent-Stück ist der große Unbekannte in jedem Portemonnaie. Diese Münze hat man einmal vorrätig, vielleicht auch zweimal, aber dreimal? So musste ich eben zurück zur Theke der Klostermetzgerei und Geld wechseln. Aber selbst die Metzgerei-Fachverkäuferin hatte Schwierigkeiten, die richtigen Münzen zu finden. Ich empfand diesen Toilettengang als echte Lebensaufgabe.

Nach der Mittagspause am Kloster sollte es weitergehen. Weit war es nicht mehr bis zum Wanderheim. Nachdem wir bis zum Kloster sehr gemächlich geschlendert waren, hatte ich Lust, etwas zügiger zu laufen. Martin erinnerte daran, wie ich 2008 an der Burg Teck im Lance-Armstrong-Stil den Berg gestürmt hatte und alle Mitwanderer stehen ließ. Stimmt, das hatte Spaß gemacht. Ich fragte Martin, ob er wieder Lust auf ein Wanderrennen hinauf zum Wanderheim hätte? Nun ja, prinzipiell schon, aber ich wäre damals und auch aktuell im Vorteil, so Martin, weil ich mit leichtem Gepäck unterwegs sei und er den 30-Liter-Rucksack zu schleppen hätte. Okay, es gibt Verhaltensauffällige, die einen Frauentausch praktizieren, ich dagegen schlug Martin einen Rucksacktausch vor. Das ließ ich mir doch nicht bieten, dieses Gerede von der Wettbewerbsverzerrung, das waren fast Betrugsvorwürfe. Nachdem ich Martins Rucksack übergeworfen hatte, versuchte ich mühsam, meine fröhliche und zuversichtliche Fassade aufrechtzuerhalten. Das waren ja mindestens zwanzig Kilo Inhalt. Was schleppte der Kerl da mit sich herum? Es fühlte sich an wie mindestens zehn Pflanzenbestimmungsbücher, ein Kasten Bier und Hanteln. Egal, es half alles nichts, der Berg rief. Erst ging es leicht bergan, ich erhöhte das Tempo, ließ aber noch viel Luft nach oben. Trotzdem konnten nur Martin und Andreas folgen. Unausgesprochen war der Startschuss zu unserem Wanderrennen gefallen. Dann wurde es steiler. Ich wurde schneller, hörte an den Atemzügen von Martin und Andreas, dass die beiden zurückfielen, aber nur leicht. Die Briketts auf meinem Rücken zogen mich in Richtung Boden. Scheiße, die Luft wurde knapp und die Steigung immer brutaler. Höllisches Wandertempo. Ich war am Limit, versuchte aber flach zu atmen, damit die beiden Konkurrenten meine Schwäche nicht merkten. Noch dreihundert Meter. Ich hatte große Lust, einfach stehen zu bleiben und den ganzen Quatsch sein zu lassen. So ein Blödsinn, Wanderwettrennen, ich wurde langsamer, konnte einfach nicht mehr, der Martin hatte bestimmt noch extragroße Beuroner Blutwürste in seinen Rucksack gepackt, um mich zu quälen. Schweißgebadet im grünen T-Shirt kam ich am Aussichtspunkt oberhalb der Donau an. Ich hatte es geschafft! Schnaufend beglückwünschten mich meine Konkurrenten.

Wir gingen langsam zum Wanderheim und tranken zwei große Apfelschorlen. Das Rennen wurde analysiert. Interessant: Als ich zum Ende hin langsamer wurde, dachte Martin, ich würde bluffen. Er hätte aufschließen können, hatte aber Angst, dass ich dann noch einmal kräftig anziehen würde. Dafür hätte ich natürlich keine Power mehr gehabt. Fachsimpelei unter Bergziegen. Nach über einer halben Stunde kamen weitere schwäbische Wanderer den Berg hinauf und versammelten sich auf der Terrasse. Als sich die Geruchskomponente meines grünen T-Shirts intensivierte, suchte ich meinen Platz im Vierbettzimmer und betrat die Gemeinschaftsdusche. Ah, das tat gut. Tropfend stand ich schließlich da, als mir auffiel, was ich – so ein Amateur – vergessen hatte auf diese Wanderung mitzunehmen: ein Handtuch. Gewohnt, in jedem deutschen Hotel oder jeder Pension ein solches vorzufinden, hatte ich daran überhaupt nicht gedacht. Also musste ich mich widerwillig und recht notdürftig mit dem grünen T-Shirt abtrocknen. Trotzdem besser, als sich tropfnass in die neuen Klamotten zu werfen.

Ich schultere den extragroßen Rucksack

Zum Abendessen gab es schwäbische Maultaschen für alle. Herrlich. Wanderfreund Heinrich hielt eine Rede. Launig ließ er den Tag Revue passieren, ging dann aber streng tadelnd auf das Verhalten »einiger weniger« ein, die das Tempo der Gruppe ignoriert hätten und den letzten Berg zum Wanderheim »Rauher Stein« hochgestürmt wären. Ich schaute feixend zu Andreas und Martin. Doch die beiden schauten betreten zu Boden. Das war wohl nicht in Ordnung gewesen, was wir gemacht hatten, sehr unschwäbisch. Ich gelobte Besserung.

Warum ist es so schön, in der Gruppe zu wandern und nicht allein durch die Wälder zu streifen? Argument Nummer eins, so hörte ich immer wieder, war die Geselligkeit, die Gespräche, das Miteinander. Außerdem fanden es viele schön, sich nicht um den Weg kümmern zu müssen, da für alles die Wanderführer verantwortlich waren. Die seien natürlich auch immer die Sündenböcke, wenn etwas schiefgehe. Und man käme in Gegenden, in die man sonst nicht so leicht gekommen wäre.

Wenn das nicht Wanderglück ist? Jedenfalls hatten mich die Argumente überzeugt, sodass ich fragte, ob ich nicht Mitglied in der Ortsgruppe Oberboihingen im Gau Teck-Neuffen des Schwäbischen Albvereins werden könnte. Wanderschwabe sozusagen. Viele weinten vor Rührung, als ich in den Kreis der Wandergruppe als 548tes Mitglied aufgenommen wurde. Und beim nächsten Mal werde ich mit allen anderen den letzten Berg gemächlich hochwandern, versprochen. Ich möchte doch ein fleißiger, strebsamer und sauberer Wanderer des Schwäbischen Albvereins sein. Aber nur, wenn ich wieder mit meinem eigenen Rucksack wandern darf, das Handtuch nicht vergesse und immer noch weiß, warum die Frühlingsplatterbse so gerne blau wird.

Bewertung

Etwas-über-Blumen-gelernt-Faktor	★★★★★
Glücksfaktor	★★★
Erlebnisfaktor	★★★
Abenteuerfaktor	★★
Sicherheitsfaktor	★★★★★
Sportfaktor	★★★★
Abwechslungsfaktor	★★
Kommunikationsfaktor	★★★★★

Wandern ist sehr gesund –
Aber was ist die richtige Wanderglück-Dosis?

Haben Sie sich nicht auch schon oft gefragt, warum Sie sich als Jugendlicher und junger Erwachsener Tonnen von Fast Food einwerfen und Hektoliter Bier trinken konnten, ohne dass sich kleine Fettpölsterchen oder gar ein veritabler Bauch zeigten? Natürlich haben Sie sich das schon gefragt, und zwar oft. Ich wurde auch immer verzweifelter, weil ich weniger aß, aber mehr zunahm, bis ich schließlich den Grund erfuhr: dysfunktioneller viszeraler Adipozyt. Um unerkannt zu bleiben, hat sich der dysfunktionelle viszerale Adipozyt einen Namen zugelegt, den sich kein Mensch merken kann. Es handelt sich beim dysfunktionellen viszeralen Adipozyt um ein fieses Fettenzym, das für eine Gewichtszunahme von 400 bis 500 Gramm jährlich sorgt. Der dysfunktionelle viszerale Adipozyt wirkt ab dem 30. Lebensjahr. Und jeder Mensch hat nur drei Möglichkeiten, auf den dysfunktionellen viszeralen Adipozyten zu reagieren:

1. Man lässt alles so, wie es ist. Dann wiegt man mit 90 Jahren im Schnitt 30 Kilo mehr als noch mit 30 Jahren.
2. Man isst die Hälfte, leidet und hungert für den Rest des Lebens.
3. Man wandert, denn das Wandern, so habe ich es aus berufenem Munde gehört, ist der natürliche Feind des dysfunktionellen viszeralen Adipozyten.

Wandern gilt, und da kann man auch eine zweite, dritte und vierte Meinung einholen, unter Sportmedizinern als der Gesundheitssport schlechthin. Herz, Kreislauf, Stoffwechsel und Atmung werden gestärkt. Wandern hat positive Effekte auf Immunsystem und Psyche. Und Wandern sorgt aus medizinischer Sicht für eine optimale Fettverbrennung. Wandern ist also unbedingt zu empfehlen und nicht verschreibungspflichtig. Dennoch sollte man den Beipackzettel für die Wandermedizin genau studieren: Es gibt auch Risiken und Nebenwirkungen beim Wandern!

Vor falscher Wanderdosierung ist dringend zu warnen. Immer wieder liest man von Wanderern, die im Hochgebirge erfroren, verschwunden oder abgestürzt sind. Da sollte man sich schon ein wenig vorsehen, sonst wird Wandern schnell **sehr** ungesund. Am besten fängt man erst einmal mit einer geringen Dosis Wanderglück in Mittelgebirgen an, bevor man sich an die steilen Hänge wagt. Außerdem muss man gewisse Zeiten einhalten, in denen Wandern wirklich gesund ist. Im Dezember 2009 waren vier Leute auf einer Nachtwanderung in Hessen unterwegs und wurden von Wildschweinen überrascht. Sie retteten sich in einen Müllcontainer aus Metall und alarmierten per Handy die Polizei. Die holten die Wanderer aus der Tonne, die Schweine waren schon weg. Vor Wandern in der Nacht muss folglich gewarnt werden, besonders wenn man unter Hasenfüßigkeit leidet. Dann sind unerwünschte Nebenwirkungen wie ein Aufenthalt im Mülleimer nicht ausgeschlossen.

Wo man wandert, kann auch relevant für Ihre Gesundheit sein. Forscher warnen schon lange vor einer sehr konkreten

Vulkan-Gefahr in der Eifel, die alles Leben dort auslöschen würde. Leider gibt es über den Zeitpunkt des Ausbruchs keine genauen Vorhersagen. Es kann in wenigen Wochen passieren, in einigen Jahrtausenden oder aber Jahrmillionen. Aber man kann ja nie wissen. Deshalb empfehlen Mediziner Eifelwandern nur bei starken Nerven.

Das Wandern hilft aber nicht nur beim Kampf gegen die Fettzellen, sondern hat positive Effekte auch auf die grauen Zellen. Führende Stammzell- und Hirnforscher Deutschlands bringen es auf den Punkt: Wandern macht schlauer. Vor allem Menschen, die genetisch – sagen wir mal – von der Natur etwas benachteiligt sind, können durch Wandern ihr Intelligenzpotenzial erheblich steigern. Das hat evolutionäre Gründe. Denn schon in prähistorischen Zeiten galt: Jeder, der etwas erleben wollte, musste seinen Hintern hochkriegen. Mittlerweile kann man auch Fernsehen schauen, um etwas zu erleben, aber das reicht auf Dauer nicht.

Wenn adäquate intellektuelle Stimuli fehlen, so die Forscher, die ein Käfiglaufrad oder ein Laufband im Fitnessstudio nicht bieten können, werden aus aktivierten Stammzellen keine neuen Nervenzellen gebildet. Zur körperlichen muss sich die kognitive Aktivität gesellen, die nur in der Natur zu haben ist.

Wandern kann sogar Krebs verhindern und Krebspatienten wieder gesunden lassen. Zugegeben, dies ist eine steile These. Freerk Baumann vom Institut für Kreislaufforschung und Sportmedizin der Deutschen Sporthochschule Köln kann zu diesem Thema einiges erzählen.

Aufgewachsen am Rande des Westerwalds, war Dr. Baumann – schon immer ein frenetischer Wanderer. So lag es nahe, dass er vor zwölf Jahren, als er seine Arbeit mit Krebspatienten begann, es auch mit Wandern als Therapie versuchte. In Idar-Oberstein arbeitete er mit Leukämiepatienten, die nach und während einer schweren Chemobehandlung in den Wald gingen. Mit Mundschutz. Andere Ärzte hätten vermutlich eher strikte Bettruhe empfohlen, Freerk Baumann schickte die Patienten aus der Klinik in die Natur. Und denen tat das gut. Erst einmal gar nicht messbar, aber Dr. Baumann registrierte, dass alle Patienten sich wohler fühlten.

Es gab zu der Zeit so gut wie keine wissenschaftlichen Studien über die Effektivität von Wanderungen bei onkologischer Behandlung.

Also war es nur folgerichtig, dass Baumann, nachdem er an der Sporthochschule angefangen hatte, ein Wanderprogramm für Krebspatienten initiierte. 2007 fuhr Baumann, begleitet von Assistenten der Sporthochschule, mit elf Brustkrebspatientinnen nach Norwegen. Dort erprobten sie die »Macht der Natur« und die »Macht der Bewegung«, wie Baumann das – etwas martialisch – nennt. Die Gruppe wohnte in Hütten und vertrieb sich die Zeit mit Schneeschuhwanderungen, Skilanglauf und Nachtwanderungen. Der Erfolg war durchschlagend. Es gab eine signifikante Verbesserung des Gesundheitszustands der Tumorpatienten. Und selbst den Frauen, die unheilbar erkrankt waren, ging es subjektiv und objektiv wesentlich besser als vor den Outdoor-Aktivitäten. Und das Beste: Noch zwei Jahre nach den Wanderungen waren diese positiven Veränderungen messbar. Das Problem in der Krebsnachbehandlung sei, so Baumann, dass eine eigentliche Krankheitsbewältigung nach der Chemotherapie gar nicht unternommen wird. Der Tumor ist entfernt oder weggestrahlt, aber die Patienten haben im Regelfall kein Vertrauen mehr in ihren Körper. Viele denken, dass der Krebs sofort wiederkomme, und deshalb sei es wichtig, wieder Selbstvertrauen in den eigenen Körper zu erlangen.

Weitere Wanderungen folgten. 2008 eine Alpenüberquerung mit Prostatapatienten auf der klassischen Strecke von München nach Venedig. 2008 und 2010 Wanderungen mit Brustkrebspatientinnen auf dem Jakobsweg von Südfrankreich nach Compostela – den Hape-Kerkeling-Gedächtnis-Weg. 800 Kilometer in sieben Wochen. Während die Norwegenreise und die Alpenüberquerung reine Gruppenwanderungen waren, zeigte sich bei den Jakobsweg-Wanderungen ein interessantes Phänomen. Zunächst gingen alle Frauen gemeinsam, dann bildeten sich kleine Gruppen, nach spätestens einer Woche wanderte jede Teilnehmerin für sich. Das hatte nicht mit Gruppenterror und Zickenstress zu tun. Jede Frau suchte sich ihr eigenes Wandertempo, auch die Länge der individuellen Tagesetappen unterschied sich teilweise enorm. Bis zu 20 Kilometer wanderten die Frauen in schwierigem Gelände täglich.

»Das ist doch eine tolle Erfahrung«, sagt Baumann, »dass die Tumorpatientinnen merken, ja, da geht noch was, mein Körper kann etwas schaffen.« Aber hätte es denn unbedingt der Jakobsweg sein müssen? Dort, wo alle unterwegs sind? Hätte es nicht auch der Rennsteig getan? Nun, zum einen weist der Jakobsweg einige Gegebenheiten auf, die sehr nützlich für die praktische Durchführung des medizinischen Projekts waren. Es sind viele Menschen unterwegs, sodass sich die Frauen auch beim Alleinwandern sicher fühlten. Und es existieren viele Unterkunftsmöglichkeiten, sodass man auch spontan noch eine Bleibe findet.

Außerdem, doziert Baumann, gäbe es ja unterschiedliche Beweggründe beim Wandern. Der eine will die Natur genießen, der andere will sich bewegen, der Dritte will pilgern. Das leuchtet ein. Wenn man auf einem säkularisierten Weg wie dem Rennsteig laufen würde, ginge die spirituelle Komponente verloren.

Aber, fragte ich mich laut und für Freerk Baumann hörbar, ist denn der Erfolg der Wandertherapie wirklich physischer Natur, oder lässt sich der nachhaltige Erfolg im Kampf gegen den Krebs nicht vor allem auf die Psyche zurückführen? Wandern macht vielleicht so glücklich, dass es auch heilen kann. Damit hatte ich tatsächlich ins Schwarze getroffen. Baumann nickt: Das wissenschaftliche Zauberwort dafür heißt »Bio-psycho-sozialer Ansatz«. Übersetzt: Der Psyche geht es gut, und das überträgt sich auf den Körper bis hin zur zellulären Messbarkeit. Jede Zelle deines Körpers wird glücklich!

Und dann ist Baumann nicht mehr zu halten und schwärmt von den Vorteilen des Wanderns gegenüber anderen Sportarten. Zum einen: Wandern kann jeder. Man braucht keine großartige Ausrüstung oder gar Ausbildung. Jeder, der noch nie gewandert ist, kann sofort damit anfangen. Wandern traut sich jeder zu.

Zum anderen: Die messbare Regeneration des menschlichen Körpers weist wesentlich bessere Werte bei Outdoor-Aktivitäten auf als bei Hallensportarten. Muckibude, Schwimmbad und Squash-Halle haben keine Chance gegen den Wanderweg.

Zum Schluss verrät mir Dr. Baumann noch einen kleinen Knaller: Mit Wandern kann man nicht nur bei einer Erkrankung Krebsleiden therapieren, Wandern ist auch präventiv einsetzbar. Im Klartext: Wandern kann helfen, Krebs zu vermeiden und so Leben retten. Nachweisbar ist, dass bei Wanderern eine Erkrankung an Brustkrebs um 30 bis 40 Prozent, eine Erkrankung an Darmkrebs sogar 40 bis 50 Prozent unwahrscheinlicher ist als bei Nicht-Wanderern.

Vom medizinischen Standpunkt aus erhält der Satz »Du musst wandern« damit eine ganz andere Dimension.

Fast Fastenwandern

Ich wandere durch den Wald. Es ist Winter, die Luft ist frisch und kühl. Ich atme tief ein und genieße die Welt. Ich fühle mich stark und unbezwingbar. Zwei Schritte später geht es mir gar nicht gut. Mir ist schwindelig, ich habe Bauchschmerzen. Ich will mich am liebsten vor Schwäche in den Graben am Wegesrand legen. Ich möchte so schnell wie möglich in ein Bett. Egal, in welches. Diese manisch-depressiven Gefühlsattacken während des Wanderns können nur einen Grund haben: Ich faste.

Die meisten kennen die Fastenzeit zwischen Karneval und Ostern. Aber damit hat man sich im Mittelalter nicht zufriedengegeben. Früher wurde zwei Mal im Jahr, jeweils sechs Wochen vor Ostern und vor Weihnachten, gefastet. Deswegen gibt es am Festtag des Heiligen Martin, am 11. November, noch mal eine fette Gans. Der 11. November ist quasi der Aschermittwoch der Vorweihnachtszeit. Denn danach beginnt die 40-tägige Fastenzeit bis Weihnachten. Das wollte ich als großer Ausprobierer auch mal ausprobieren. Und zwar nicht nur Fasten light, indem ich auf Glühwein, Stollen und Gebäck verzichte. Nein, Fasten total ist angesagt, fünf Tage lang nehme ich keine feste Nahrung zu mir. Nur Säfte und abends eine klare Gemüsebrühe sind erlaubt. Und, so heißt es im Handbuch des Fastengurus, man solle sich viel, aber gemäßigt bewegen. Spazieren gehen, wandern. Na, hab ich gedacht, das ist doch genau mein Ding. Und deswegen bin ich eben jetzt im Wald und mir geht es gar nicht gut.

Vor wenigen Minuten, da fühlte ich mich sooo toll. Ich spürte förmlich, wie ich mit jedem Schritt dünner wurde. Fantastisch. Ich hatte das Gefühl zu schweben, größer zu werden. Ich spürte im wahrsten Sinne des Wortes, wie ich über mich hinauswuchs. Als hätte ich halluzinogene Drogen genommen. Ich war echt high. Leider ist dieses Hochgefühl sehr, sehr lange her. Mindestens fünf Minuten. Jetzt fühle ich mich einfach hundeelend. Ich schrumpfe. Der Hunger nagt in und an meinen Gedärmen. Ich habe kürzlich das hochgelobte Buch *Brüder* des chinesischen Autors Yu Hua gelesen. Dort leiden die beiden Protagonisten ständig unter nagendem Hunger, der einzige Ausweg: Sie essen ihre Spucke. Das probiere ich auch, es hilft aber nicht.

Und Herta Müller beschreibt in ihrer literaturnobelpreisausgezeichneten *Atemschaukel*, wie der Hungerengel im sowjetischen Straflager die Menschen begleitet und quält. Alles nicht sehr schön.

Vielleicht hätte ich mich lieber einer Gruppe anschließen sollen. Fastenwandern, so etwas gibt es ja. Alles durchorganisiert: Strecke, Unterkunft, das Fasten. In diesem Marktsegment existiert ein unfassbar großes Angebot: Früchtefastenwandern, Kohlsuppendiätfastenwandern, Traubenfastenwandern, Schleimfastenwandern. Hm. Das ist doch reichlich inkonsequent, denke ich mir, die nehmen ja alle noch so etwas wie NAHRUNG zu sich. Das ist doch kein richtiges Fasten. Außerdem habe ich Angst, dass ich in einer Fastenwandergruppe die ganze Zeit mit esoterischem Quatsch belästigt werde. Deswegen habe ich mich gegen das organisierte Fastenwandern entschieden.

Mir geht es immer noch sehr schlecht. Vielleicht, denke ich, bin ich ja auch nicht der richtige Typ fürs Fasten. Die Menschen, hat man vor Kurzem herausgefunden, sind nicht gleich. Mein »schwerer Knochenbau« (Zitat meiner Mutter) verlangt vielleicht nach größerer Kohlenhydratzufuhr als bei anderen. Oder ich hätte mir nicht den Winter für die Fastenaktion aussuchen sollen. Hätte, könnte, aber … alles laber, laber. Ich muss da jetzt durch. Ich greife in meinen Rucksack, trinke Schluck für Schluck meinen Orangensaft. Der ist mit Wasser verdünnt. Ahhh, schon besser.

Vielleicht habe ich ja eine Fastendepression. Der Blick auf die Waage heute Morgen war niederschmetternd. Ich hatte im Vergleich zum Vortag ein halbes Kilo zugenommen. Hat man das schon mal gehört? Ich erleide Hunger und NEHME ZU!!! Aber ich ziehe das jetzt durch. Auch wenn es die letzte Fastenaktion in meinem Leben ist! Und übermorgen darf ich sogar wieder etwas essen. Einen ganzen Apfel, so schreibt es der Fastenguru vor.

Während ich weiterwandere, verschwindet langsam das Hungergefühl. Meine Schritte werden wieder länger, ich werde größer. Hach, denke ich, während ich allein an diesem Mittwoch im Winter durch den Buchenwald wandere, ach, so eine Fastenwoche ist doch eigentlich etwas Großartiges. So reinigend, so erfrischend, einfach super. Ich liebe das Fasten!

Warum nicht einfach mal, überlege ich, statt 40 Tagen 80 Tage fasten? Oder 400 Tage, 4000 Tage? Das ging mir bei meiner nächsten Wandereinkehr durch den Kopf. Mit einem 300-Gramm-Steak auf dem Teller lässt sich einfach besser über zukünftige Fastenpläne nachdenken.

Das Neue Wandern als Geschäft

Früher war es doch so. Jeden Sonntag wanderten Vati und Mutti mit dem Kolpingverein. Die Kniebundhose wurde noch mal geschnürt. Man hatte die Wanderhose schon etwas erweitern lassen. So schmal wie in der – äh – guten alten Zeit, als man mit dem Wandervogel durch die Gegend zog, war man ja nicht mehr. Helga hatte die Stullen geschmiert, der Flachmann mit dem guten Obstbrand war auch dabei. Und weil man zu fünft im famosen neuen Opel Rekord von Hans-Günther in die Eifel oder ins Bergische Land fahren konnte, hielten sich auch die Fahrtkosten im Rahmen. Wenn Hans-Günther nur nicht immer so penibel die Benzinkosten abrechnen würde. Mal 1,87 DM, 2,07 DM, dann wieder 3,03 DM. Da hätte man doch ruhig mal ab- oder aufrunden können, dachte Vati. Aber so war er, der Hans-Günther, immer korrekt, man verzieh ihm auch viel, weil er auf der Klampfe die alten Fahrtenlieder schmetterte. So war es früher, und mit Geld, Produktentwicklung und Qualitätsstrategien hatte das Wandern nichts am berühmten Wanderhut.

Heute verdient man mit Wandern Geld. Ich habe mich gefragt, wie das überhaupt geht. Der Wanderboom hat dazu geführt, dass Menschen aus der Touristikbranche genau darüber nachdenken, wie man aus Wandern ein Geschäft machen kann. Bei meinen Recherchen bin ich sogar auf

Menschen gestoßen, die schon seit 40 Jahren vom Wandern leben. Sehr gut leben.

Dass es so etwas wie einen Wanderboom gibt, ist leicht zu beobachten, wenn man an einem Wochenende zwischen Mai und September auf dem Rothaarsteig, Rheinsteig oder Rennsteig unterwegs ist. Alles R-Steige. Von einem naturnahen Erlebnis kann da nicht im Geringsten die Rede sein. Es gibt ein Gedränge auf den schmalen Pfaden wie in der Fußgängerzone an einem Samstagnachmittag. Und vor allem gibt es keine Unterkünfte mehr, es sei denn, man hat Wochen, wenn nicht Monate im Voraus reserviert. Die Hotels und Pensionen an den neuen Wanderwegen profitieren also schon mal vom Boom.

Auch ich habe in den letzten Jahren gut vom Wandern gelebt. Ich warb für die schönen Wanderwege in Österreich und Rheinland-Pfalz. Ich eröffnete und testete mit Journalisten Wanderwege. Ich warb dafür, mit Bussen und Bahnen in Nordrhein-Westfalen zu den Wanderzielen zu fahren. Seit der Werbeaktion fahren nachweisbar zehn Mal so viele Menschen wie vorher mit den öffentlichen Verkehrsmitteln zu den Startpunkten ihrer Tour. Ich warb mit einem kleinen Wanderheft für einen der großen deutschen Pharmakonzerne. Für »Männergesundheit«. Und wenn man als Mann gerade nicht wandert, so die Botschaft des Pharmakonzerns, haben wir noch eine Pille, die auf jeden Mann wie ein Jungbrunnen wirkt.

Aber wer bringt denn nun das Geld? Klarheit brachte eine Wertschöpfungsanalyse des deutschen wirtschaftswissenschaftlichen Instituts in München aus dem Jahr 2006.

Zunächst stellte man fest, dass es nicht nur das verkaufte Bett, also der sogenannte Übernachtungsgast ist, der Geld in die Kassen der wanderbaren Regionen spült. Denn auch der Ein-Tages-Gast gibt durchschnittlich 16 Euro vor Ort aus. Für die Einkehr, an der Tankstelle, am Fahrkarten- automaten, an der Eisdiele, im Andenkenladen. Das ist ge- genüber den knapp 60 Euro, die der Übernachtungsgast hinlegt, nicht eben viel, aber: 1,72 Milliarden Euro geben die Übernachtungsgäste in Deutschland insgesamt aus. Da- gegen stehen unglaubliche 5,74 Milliarden Euro, die von Tagesgästen umgesetzt werden.

In der Wirtschaftsstudie heißt es weiter: »Die wirtschaftli- chen Effekte wirken nicht nur in den Zielgebieten, son- dern setzen schon in den Quellgebieten an. Hervorgerufen werden sie durch den Kauf von Ausrüstungsgegenständen, Karten oder Literatur.« Und wenn man zu den Ausgaben in den »Zielgebieten« die 3,7 Milliarden für »wanderbezogene Gegenstände« in den »Quellgebieten« hinzurechnet, kommt man auf ein Wirtschaftsvolumen von 11.116.000.000 Euro, die der deutsche Wanderer jährlich ausgibt. Eine Zahl, mit der ich nicht gerechnet hätte. 11 Milliarden Euro sind ver- gleichbar mit dem Umsatz von Adidas. 11 Milliarden Euro sind das Budget des Bundesministeriums für Bildung und Forschung. Nicht schlecht.

Aber wie viel bringt ein einzelner Wanderweg nun genau? Am Beispiel des Rothaarsteigs wurde durchgerechnet, wie sich Investition und Umsatz zueinander verhalten. In den neuen Wanderweg wurden 2,5 Millionen Euro durch die öffentliche Hand investiert, Wirtschaftsförderung nennen das die einen, überflüssige Subventionen die anderen. Investiert wurde in den Weg, in die Bänke, in die Infrastruktur, in das Marketing. Das Ergebnis: 1,5 Millionen Wandergäste jährlich, davon 300 000 Übernachtungsgäste. Jährlicher Umsatz 32 Millionen Euro. Liebe Heuschrecken und Hedge-Fonds-Manager, vergesst die Investitionen in Aktien, Immobilien, Gold, Schweinehälften. Investiert in Wanderwege! Ich sehe schon die ersten Wanderwegefonds von Goldman Sachs, die Jungs lassen sich doch keine Boomgeschichte entgehen. Und dabei – wie soll ich sagen – gibt es mittlerweile noch weit bessere Wanderwege als den Rothaarsteig.

Einige Menschen zweifeln die Höhe dieser Zahlen an. Diese Menschen hinterfragen, ob da nicht auch Skitouristen, Wellnesssüchtige, oder auch einfach Faulenzer und Garnichtstuer mitgezählt wurden. Egal, die Tendenz ist klar, mit Wandern lässt sich 100 Jahre nach dem Wandervogel Geld verdienen.

Weniger ums Geld, aber ums Renommee geht es den Politikern. Die geben ihren Touristikern mal mehr, mal weniger Geld in die Hand und sagen: »Hol mir den Wanderboom ins Land.« Sie wollen mit Erfolgsstorys wiedergewählt werden.

Was macht also ein sogenannter Touristiker den ganzen Tag überhaupt? Im Zweifelsfall kann man sich vorstellen, dass er sich in der Tourist-Information die Beine in den Bauch steht. Dort erklärt er den Weg zum Rathaus, verteilt Faltblätter zu Wanderwegen der Region und weist auf das Uhren-, Trachten- und Karnevalsmuseum des Städtchens hin.

Aber statt einfach nur zu warten, sorgen Touristiker dafür, dass überhaupt jemand kommt. In Deutschland hat fast jede Kommune Touristiker, die sich schicke Konzepte für ihre Gemeinde oder Stadt ausdenken. Die Wasserstadt Nordhorn, die Blumenstadt Mössingen oder die Glasstadt Zwiesel verheißen Wasser, Blumen, Glas. Außerdem hat jede Region seine übergeordnete Touristikabteilung. In Rheinland-Pfalz gibt es die (grenzüberschreitende) Eifeltouristik, die Westerwald-Touristik, die Pfalz-Touristik, die Ahr-Touristik, die Touristik-Naheland, die Hunsrück-Touristik. Damit wäre eigentlich jeder Fitzel schon gut abgedeckt, aber jedes Bundesland beschäftigt auch noch Landestouristiker. Die Sachsen, die Hessen, die Thüringer, die Rheinland-Pfälzer, die Bayern … ein Hauen und Stechen. Und die Politik gibt den Takt vor. Man müsse Wanderland Nummer eins werden, sagt der rheinland-pfälzische Wirtschaftsminister. Im Saarland soll der Wandertourismus, ähnlich wie im Ruhrgebiet, die untergehende Schwerindustrie ersetzen. Wirtschaftspolitik nimmt sich ernst, statt Bergbau wird Wegebau subventioniert. Eigentlich reicht die Konkurrenz untereinander schon, aber man kämpft auch gegen die attraktiven ausländischen Wanderdestinationen. Gegen die »anderen« hat man sich verbündet auf der sogenannten Königswinter-Zusammenkunft aller deutschen Mittelgebirge. So was wie die Afghanistan-Konferenz für friedliches Wandern.

Touristiker reden in einem eigenen Slang. Da gibt es immer wieder das »Thema«, welches man »positionieren muss« in der »Agenda 2015«. (Endlich mal eine Agenda, die ohne die Vorschläge von Peter Hartz auskommt.) Es werden »Qua-

litätsrichtlinien« ausgearbeitet, man muss »Präsenz zeigen«,
dann stimmen auch die »Maßzahlen«. Hauptsache »Kom-
munikation«, dann klappt es mit der »Säule Wandern« und
auch mit dem »Sechs-Jahres-Plan«. Wer hätte das geahnt,
es gibt ein Leben im real existierenden Wandersozialismus.

Was heißt das nun konkret? Schließlich sind das ja Wort-
hülsen, die man auf jeden beliebigen Bereich anwenden
kann. Erstes Ziel der Touristiker ist es, die Gastronomie
auf Vordermann zu bringen. Dazu gehören Gastronomie-
Coaching und Gastrochecks. Der Restaurant-Tester kommt
vorbei und prüft Gardinen, Essens- und Öffnungszeiten.
Das klassische Beispiel: Der Wanderer will um 15 Uhr eine
Suppe, aber die Küche der Wanderkneipe ist zwischen 14
und 17.30 Uhr kalt. In diesem Fall wird der Gastronom
von einem Touristiker schonend an die Hand genommen,
um wanderfreundlicher zu werden. Touristiker versuchen
Nahverkehrsangebote zu optimieren und mit speziellen
Wanderkatalogen auf die Schönheiten ihrer Landschaften
hinzuweisen. Und nicht zuletzt versuchen Touristiker das
»Wandererlebnis« zu optimieren, indem sie die Wanderwege ihrer Region aufrüsten und bestenfalls mit einem Siegel
wie »Premiumweg« oder »Wanderbares Deutschland« versehen können. Diese Siegel helfen dann, so die Hoffnung,
die Wanderregion zu vermarkten. Wie man an diese Siegel
kommt, habe ich ja schon beschrieben. Wer für die Planung
einer Wanderung weder Zeit noch Nerven hat, der wendet
sich an Reiseveranstalter. Der Marktführer für Wanderreisen ist Wikinger Reisen, mit 35 000 Buchungen jedes Jahr.
Schon Ende der 1960er-Jahre ging es mit geführten Wanderungen in Skandinavien los. Und dann kamen immer
mehr Wanderziele dazu. Die Orte wechselten, man kann

sogar von regelrechten Wandermoden sprechen. So wurden Ende der 1980er-Jahre die Kanaren und die balearischen Inseln als Wanderziele entdeckt. Gegen das Image der Billig-Pauschal-Sauf-Inseln setzte man auf schöne Landschaften. Wanderer waren dort so exotisch wie Außerirdische. Das Kopfschütteln der Einheimischen, als sich die ersten komischen Vögel mit Wanderhut und -stock über die staubigen Pfade schleppten, kann man sich gut vorstellen.

Interessant ist, dass der Kanarenwanderer zu der großen Fraktion der Schönwetterwanderer gehört. Es gibt nämlich zwei Wandertypen, die sich immerzu selbst treu bleiben. Die einen sind für die raueren Klimazonen geschaffen: Skandinavien, die britischen Inseln, Island. Die würden niemals in Südeuropa wandern. Für alles Geld der Welt nicht. Die Mehrheit gehört aber zur anderen Sorte: die Schönwetterwanderer. Durch den Klimawandel begünstigt, wird auch Deutschland immer mehr zur Schönwetterwanderregion. Zwischen diesen beiden Wandertypen gibt es keinen Austausch. Das ist wie bei der FDP und den Grünen. Wechsel ausgeschlossen.

Für Frau Josefus von Wikinger Reisen ist Wandern ein Produkt. Sie feilt an der Produktentwicklung wie ein Autohersteller an der Aerodynamik einer Karosserie. Entscheidend sind zum Beispiel die Unterkünfte. Und da muss man häufig damit leben, was man vorfindet. So ist die Eifel gar nicht erst ins Programm aufgenommen worden, weil die Hotels nicht ausreichend viele und gute Betten zur Verfügung stellen konnten.

Dann unterscheidet man zwischen Individual- und

Gruppenreise. Worauf es bei einer Gruppenreise ankommt, sind neben Strecke und Hotels vor allem die Wanderführer. Zuletzt las ich im Feuilleton die Klage, dass es mehr Führung und Führer in Deutschland geben solle, aber leider hätte es nun mal diesen dummen »Führer« gegeben, der habe diesen Begriff doch arg okkupiert und überstrapaziert. Der Wanderführer muss zum Profil der Gäste passen, sollte viel von Wissensvermittlung verstehen – ein Doktortitel in Geschichte, Philosophie oder Kunstgeschichte kann da gar nicht schaden – und sozial kompetent sollte er auch sein. Jeder in der Gruppe muss sich wohlfühlen, auch die etwas kauzigen Charaktere. Zur Not muss man die Gruppen-Nervensäge separieren, damit die anderen Teilnehmer ungestört ihren Wanderurlaub genießen können. Wie das praktisch funktionieren soll, habe ich nicht verstanden. Im Frühstücksraum in die Ecke stellen, mit Eselsohren weiterwandern?

Die Reiseveranstalter unterscheiden zwischen individuellen Reisen und Gruppenreisen. Bei den Gruppenreisen reist man in der Gruppe, das leuchtet ein. Und was tut dann der Reiseveranstalter bei einer individuellen Reise? Der Veranstalter kümmert sich um die Details, im Reiseveranstalter-Sprech die »Rahmenbedingungen«: Hotels, Orte und die Länge der Reise stehen fest, da ist Schluss mit »individuell«. Bei beiden Reisearten wird das Gepäck transportiert, sodass sich niemand mit dem Schleppen abmühen muss. Die vorgebuchten Hotels sollten gewisse Qualitätsansprüche erfüllen. Denn die meisten Wanderer haben hohe Ansprüche an den Komfort. Wanderer, die bei Reiseveranstaltern buchen, finden Geiz nicht geil. Für

Übernachtungen wählen 49 Prozent der Wanderer ein Dreisternehotel, 28 Prozent ein Viersternehotel. Wie anspruchsvoll so eine Wandergruppe sein kann, habe ich am eigenen Leib erfahren.

In den letzten Jahren bin ich in meiner Funktion als knallharter, investigativer Fernsehjournalist in einige Berufe geschlüpft – eine Findungsphase nach der jahrelangen Arbeit bei Harald Schmidt sozusagen. Ich war Bäcker, Winzer, Straßenbahnfahrer, Schlachter und für zwei Wochen Gesamtschullehrer. Und als Wanderreiseführer habe ich auch gearbeitet.

Die Reisefirma Gebeco, spezialisiert auf Ostasienreisen, hatte mir angeboten, einer Wandergruppe die Eifel zu zeigen. Die Tour dauerte vier Tage und umfasste Liesertal, Enderttal und Elzbachtal. Damit lagen wir unter dem Schnitt. Sieben Tage gilt als ideale und durchschnittliche Länge für Wanderreisen in Deutschland. Im Ausland wird dagegen gern genommen: eine Woche wandern, eine Woche entspannen. Daher sind Gruppenreisen außerhalb von Deutschland in der Regel zwei Wochen lang.

Unter den insgesamt 16 Teilnehmern waren einige Ehepaare, Alleinreisende und eine Frau mit ihrer Freundin, nach dem Motto: Für meinen Mann ist das nichts. Und es war so ziemlich alles vertreten: eine ehemalige Opernsängerin und ein Multimillionär aus Frankfurt. Der Mann hatte vor 20 Jahren sein IT-Start-up einigermaßen gewinnbringend verkauft und machte sich seitdem ein schönes Leben. Der hessische Millionär hatte schon die ganze Welt gesehen, war mit seinem Privatflugzeug fast überall gewesen, nur noch nie in der Eifel. Aber nicht nur Exoten waren mit von der Partie, sondern auch Menschen mit »normaler« Vita: Speditionskaufleute, eine Finanzbeamtin, ein Gemüsehändler.

Typisch für Gruppenwanderungen ist der Single. Manchmal sind es auch »unechte« Singles, die zwar in einer Beziehung leben oder verheiratet sind, aber auch mal »was« allein machen wollen. Oder – siehe oben – der Ehepartner hatte eben keine Lust. Problematisch ist es dann, wenn die unechten Singles sich für andere unechte Singles interessieren oder echte Singles für unechte. Da sind viele Kombinationen denkbar und können so eine Wanderung zum Abenteuer machen, auch wenn es nur in der Eifel ist.

Dass es zwischen den Teilnehmern meiner Wanderung zwischenmenschlich gefunkt hätte, kann ich nicht behaupten. Die Singles waren eher derart singulär, dass sie sich überwiegend aus dem Weg gingen. Die ehemalige Opernsängerin, die mit 72 Jahren auch die älteste Teilnehmerin war, beschwerte sich am ersten Abend bitter bei mir, dass ich gar nicht gesungen bzw. zum Singen aufgefordert hätte. Am nächsten Tag bin ich dem dann nachgekommen, mit gemischtem Erfolg. Die Sängerin schmetterte geübt in den Wald, woraufhin der Millionär die Beine in die Hand nahm und sich aus dem Staub machte. Das alles in einem Tempo, dass er schneller als der Arienschall war und nur noch die Vögel, aber nicht mehr die Tremoli des Soprans hörte. Die beiden würden nicht mehr heiraten, das wurde schnell klar.

Natürlich wird vom Reiseveranstalter auf Sicherheit und Schwierigkeitsgrad geachtet. Weniger die »körperliche«

Sicherheit ist damit gemeint, es geht eher um die Zuverlässigkeit, eine gute Unterkunft zu haben. Aber auch um die Sicherheit, überhaupt anzukommen.

Bei Wikinger Reisen gibt es Stiefelkategorien von einem bis drei Stiefel, je nach Schwierigkeitsgrad der angebotenen Wanderung. Es kommt selten, hörte ich, zu Überschätzungen. Wenn sich ein Wanderführer nicht sicher ist, gibt es eine kurze Etappe zum Eingewöhnen. Schlimmstenfalls muss man danach sagen: »Bei dieser Tour kannst du nicht mitwandern, das schaffst du einfach nicht.« Ähnliches habe ich bei einer Gruppenwanderung im Hunsrück erlebt. Willi war etwas beleibt, aber mit Stöcken und Wanderklamotten vom Feinsten ausgestattet. Ich gehe bis zu zwanzig Kilometer täglich, prahlte Willi. Nach dem ersten Hügel schnaufte Willy, sein Gesicht war hochrot angelaufen. Am Abend nahm ich ihn beiseite, schlug ihm vor, er könnte weiter gern beim geselligen Teil der Reise mitmachen, nur das Wandern sollte er lassen. Mit einem Shuttle-Fahrzeug wurde er zu jeder Einkehr gefahren und war auch immer abends beim Essen und Trinken dabei. Auch bei der Eifelwanderreise hatte ich bange Momente zu überstehen. Mitten im Elzbachtal erfuhr ich, dass der ältere Mann, der sich eher am Ende der Truppe aufhielt, schwer herzkrank ist. Aber ein erfahrener Wanderer sei er, wie er mir bestätigte. Während vorne der Millionär und andere sportliche Wanderer das Tempo anzogen, passte ich mich seinem Tempo an und verfluchte jede gemeine Steigung des Wanderwegs. Ich hatte nicht die geringste Ahnung, wie ich in dem engen Tal im schlimmsten Fall Hilfe hätte holen sollen. Krankenwagen und Hubschrauber hätten keine Chance gehabt. Man hätte ihn einfach kilometerlang tragen müssen. Selten war ich so froh gewesen, das Tagesziel zu erreichen.

Ich habe dann meine Karriere als Wanderreiseführer nicht mehr fortgesetzt. Meine Wandertruppe fühlte sich von mir zwar ganz gut unterhalten und ich bekam auch eine gute Punktzahl für Sozialkompetenz und Gruppendynamik, aber zum Führen im Wortsinn hätten sie mich echt nicht gebraucht. Dazu waren alle Wege verirrungssicher markiert, das hätten alle ohne mich geschafft. Und die Opernsängerin hätte gerne mehr über Burgen, Dörfer und Kapellen am Wegesrand gewusst. Da kam viel Stottern von mir, oder ich habe ein paar dürre Zeilen aus dem Wanderführer des Eifelvereins vorgelesen. Ganz schön kläglich.

Mit dem Wandern kann man gute Geschäfte machen. Der Trend geht ganz klar zum Genusswandern: Wellness, Weizenbier und kurze Touren. Die Zukunft der Wanderreisen liegt außerdem darin, weiter ungewöhnliche und unbekannte Ecken in Deutschland und weltweit aufzustöbern. Es kommt dabei natürlich immer auf die Perspektive an. Für Schleswig-Holsteiner ist die Eifel exotischer als Namibia, wo sie doch alle schon waren. Und auch für den Frankfurter Millionär meiner Wandergruppe, der die ganze Welt bereist hatte, war die Eifel eine unglaubliche Entdeckung.

Aus wirtschaftlicher Perspektive wird sich aber alles auf den Ein-Tages-Wanderer konzentrieren. Ich nehme mich da ganz und gar nicht aus. Die vier Tage mit der Wandertruppe in der Eifel waren meine längste Wanderreise überhaupt gewesen. Wahrscheinlich hat man diese Menschen nie ganz ernst genommen, weil man Hans-Günther vom Kolping-verein und seinen Hang zum Geiz vor Augen hatte. Aber Fakt ist: Kurze Ein-Tages-Touren sind für viele attraktiv.

Da es aber in jedem Wirtschaftszweig darum geht, immer mehr zu verdienen und Gewinnmargen zu optimieren, sollte man sich zusätzliche Einnahmequellen überlegen. Denn das Geld, das bislang hereinkommt, fließt zum größ-ten Teil indirekt. Die Hoteliers verdienen, die Tankwarte, die Gastronomen – aber die Benutzung des Wanderwegs ist kostenfrei. Dass das keine Selbstverständlichkeit ist, erfuhr ich vor einigen Jahren in der Schweiz. Ich wanderte zwi-schen Neuchâtel und Biel die Twannbachschlucht hinab. Eine teuflisch schöne Tour, die schon zu literarischen Ehren in Dürrenmatts *Der Richter und sein Henker* kam. Ich war be-geistert, und am Ende der Schlucht stand ein Kassenhäus-chen, an dem man drei Franken bezahlen musste – eine Art Schluchtbegehungsgebühr. Ich zahlte gerne, war doch die Schluchtenkassiererin sehr nett und schwatzte mir noch ein Schnäpschen inklusive Schnapsglas auf. Das Glas mit dem bunten Motiv der Twannbachschlucht besitze ich heute noch.

Also, was liegt näher, als auch in Deutschland Gebüh-ren für die Benutzung der schönsten Wanderwege zu ver-langen? Wem das Kassenhäuschenprinzip altmodisch vor-kommt, der kann auch über eine Wandermaut, einen Chip im Wanderschuh oder Sammel- und Monatskarten nach-denken. Eine Wandersteuer oder Wandertaxe vergleichbar der Kurtaxe wäre möglich, so wie in Köln eine Kultursteuer verlangt wird, denn die Touristen würden ja gar nicht in die Domstadt kommen ohne die schönen Kulturangebote. In den USA wird neuerdings bei der Einreise von Touristen zehn Euro Eintrittsgeld erhoben. Das ist doch alles übertragbar.

Denn Wandern für umsonst, das muss definitiv der Vergangenheit angehören. Oder sollen etwa die Zeiten von Hans-Günther aus dem Kolpingverein wiederkehren?

Wanderglück aus dem Katalog

Ich erhielt zuletzt einen Katalog zugeschickt. »Hand-buch« las ich auf dem Umschlag, obwohl man mehr als eine Hand braucht, um ihn festzuhalten. Es war der Katalog eines Outdoor-Ausstatters und auf dem Titelbild war ein Mann mit Rucksack zu sehen, der über eine fragile Hängebrücke geht. Am anderen Ufer der Schlucht stand ein rotes Zelt. Ob dieser arme, einsame Mensch wirklich glücklich war?

Wahrscheinlich ja, denn es gab überaus tolle Sachen in dem Katalog zu bestaunen! Ich finde, man kann gar nicht genug Geld für Ausrüstung und Wander-Accessoires aus-geben. Da ich ein bekennender Wanderausrüstungsjunkie bin, zögerte ich nicht lange und bestellte mir acht Artikel, die man zwingend zum Wanderglück benötigt.

1. Eine Schachtel Überallanzünder:

Katalogtext: »Zünden auch an rauen Schuhsohlen und mit etwas Übung am Dreitagebart.«
It's a man's world. Meine Welt. Okay, eigentlich brauche ich bei meinen Wanderungen nie Feuer. Ich rauche nicht und grille selten unterwegs. Aber ich trage tatsächlich alle drei Tage einen Dreitagebart. Und wenn ich dann wandere, und die Überallanzünder dabei habe und mir ein Streichholz am Bart entzünde, beeindruckt das alle Mitwanderer und Mitwanderinnen bestimmt kolossal.

2. **Einen Thermobecher mit Schraubverschluss:**
»Hält bis zu sechs Stunden heiß oder kalt.«
Thermobecher und -kannen werden meines Erachtens
traditionell zu einseitig verwendet. Wieso denn immer
heißes Zeug hineinschütten? Manche mögen's auch kalt!
Wie herrlich wird das, nach einigen Stunden Wanderung
in der glühenden Sonne ein eiskaltes Wasser aus dem
Thermobecher zu zischen. Musste ich unbedingt haben.

3. **Den 6er-Eierkoffer:**
»Mehrwegverpackung zum sicheren Transport der
Oster-, Frühstücks- oder Camping-Eier. Gewicht 80
Gramm, Farbe weiß« habe ich auch bestellt. Obwohl ich
lange gezögert habe. Denn es gab auch eine Alternative.
Originalton Katalogbeschreibung: »Weniger Eier? Den
Eierkoffer gibt es auch für 2 Eier.«

4. **Den Outdoor-Cheeseburger aus der Dose:**
Es ist natürlich nur ein Klischee, dass Wanderer Müsli-
Esser sind. Meist ist das Gegenteil der Fall. Endlich muss
der Fast-Food-Junkie in mir nicht länger auf adäquate
Ernährung während des Wanderns verzichten. Und es
entfällt sogar die nervige Nachfrage, ob man nicht ein
ganzes Menü dazubestellen wolle. Auf einer Wanderung
mit dem französischen Fernsehkomiker Alfons für den
Saarländischen Rundfunk haben wir den Cheeseburger
getestet. Ich habe einen Bissen heruntergewürgt, Alfons hat noch nicht mal das geschafft. Die Kommentare
reichten von »Das ist heftig« über »Ist das widerlich« bis
»unfassbar ekelhaft«.

Das ist er, der Wander-Cheeseburger.

5. Das Getränkepulver mit Rotweinextrakt:
Alkoholgehalt 8,2 ‰, wird aber nur an Personen ab 18 verkauft. Ich habe aus gut unterrichteten Kreisen gehört, dass das Zeug echt genießbar sei. Erhältlich ist der Rotweinextrakt in den Sorten »Bordeaux«, »Chianti« und in der Billigvariante »Pennerglück«.

6. Eine Outdoor-Toilette aus Karton (mit Deckel):
Klare Sache, nach dem üppigen Mahl mit Cheeseburger aus der Dose und Pulverrotwein kann es leicht passieren, dass man mal »groß« muss. Schön, wenn man dann alles parat hat.

7. Den 20-Liter-Tragerucksack mit integriertem Hocker:

20 Liter, bin ich denn bescheuert? So viel schleppe ich natürlich nicht mit mir herum! Das sind ja zwei Kästen Bier auf dem Buckel! Aber selbst wenn sich nur eine Zeitung, der Thermobecher und ein Outdoor-Cheeseburger in dem Rucksack befindet, ist der integrierte Hocker natürlich große Klasse. Wie oft schon hatte ich Lust auf eine Rast gehabt und es war kein Sitzmöbel vorhanden gewesen? Wie oft schon wanderte ich an Flüssen und hatte riesige Lust zu angeln? Wie oft schon hatte ich eine plötzliche Inspiration und wollte spontan ein Ölgemälde von einer fantastischen Landschaft malen? Ehrlich gesagt: sehr, sehr oft. Und da hilft mir jetzt der Rucksack mit integriertem Hocker.

8. Outdoor-Handfeger und Schaufel:

Ordnung muss sein und ist das halbe Leben. Wie leicht hat man, auf seinem integriertem Hocker sitzend, unbedacht und leichtsinnig etwas Erdreich mit den Wanderschuhen aufgewühlt? Ein solches Chaos sollte man nicht im Wald hinterlassen. Ich werde in Zukunft mit Handfeger und Schaufel für Ordnung sorgen, damit anschließend wieder sauber und zünftig weitergewandert werden kann.

Wandererherz, was willst du mehr? Die Frage ist: Was soll da noch alles kommen? Was kann man sich noch ausdenken, um dem Outdoor-Fan das Geld aus der Tasche zu ziehen? Die Antwort gibt der Geschäftsführer von Sport-Scheck in einem Zeitungsinterview. In der Entwicklung sind zum einen Jacken mit eingebauten Solarzellen. Was soll das? Wird damit jene Energie erzeugt, um die Jacke zum Leuchten zu bringen? Noch schöner ist die Idee, Handschuhe mit integriertem Smartphone zu entwickeln. Das sieht bestimmt total toll aus, immer auf das Display in dem Handschuh zu starren oder sich zum Telefonieren den Handschuh ans Ohr zu pressen

Eine Bitte zum Schluss: Glauben Sie bitte nicht diesen Scharlatanen, die behaupten, man brauche zum Wandern nicht viel mehr als ein vernünftiges Paar Schuhe. Papperlapapp, je mehr sinnvolle Ausrüstung, desto besser!

Wandern in der Westsahara
Februar 2008

Wandern in der Sahara? Nicht sehr alltäglich, die Anfrage der UNO-Flüchtlingshilfe interessierte mich. Es handele sich bei der Westsahara um die älteste Flüchtlingsproblematik der Welt und um ein Krisengebiet, das immer weniger mediale Aufmerksamkeit erreiche. Das könne ich durch meine Teilnahme ein wenig ändern. Also sagte ich zu.

Der Sahara-Marathon findet jedes Jahr im Februar im südwestlichen Zipfel Algeriens statt. Es nehmen ungefähr 500 Personen daran teil, die meisten kommen aus Spanien und Italien. Und nun sollte auch in der Wüste gewandert werden.

Einige Wochen vor dem Abflug begann ich mit den Vorbereitungen. Ich kaufte Thunfischdosen und Malbücher als Gastgeschenke. Pensionen oder gar Hotels gibt es in der Westsahara nicht, wir sollten in den Flüchtlingscamps bei Gastfamilien untergebracht werden, und da bringt man eben Gastgeschenke mit. Ich organisierte fünf 1.FC-Köln-Trikots in der Annahme, dass man sich darüber in der Wüste sehr freuen würde. Außerdem kaufte ich Damenstrümpfe. Die sollte man nicht verschenken, sondern, so wurde uns geraten, wie Gamaschen über die Schuhe ziehen, um sich gegen den feinen Wüstensand zu schützen. Und ich besorgte Abfalltüten aus Papier und Feuchttücher, denn die sanitären Gegebenheiten wären, nun ja, speziell, und man müsse schon selbst für die Entsorgung seiner Hinterlassenschaften sorgen. Außerdem packte ich Magen-Darm-Tabletten ein, da vor Infekten gewarnt wurde. Freunde und Kollegen gaben zusätzlich gute Tipps: Ich solle mir bloß kein Motorrad leihen, dann würde ich sofort entführt. Und dort unten sei doch alles vermint, ich müsse darauf achten, komplett mit allen Gliedmaßen wieder nach Deutschland zurückzukehren. Und gäbe es dort nicht Terroranschläge? Ich ließ mich nicht beirren. Ich wollte doch nicht in Kabul oder Bagdad wandern, sondern in der Westsahara.

An einem Freitagmittag Ende Februar flog ich in die Garnisonsstadt Tindouf, 2000 Kilometer südlich von Algir.

Weiter ging es mit Bussen, und nachts gegen zwei Uhr kamen wir in Smara, einem von vier Camps an. Dort wurden wir von unserer Gastfamilie in Empfang genommen. In den Flüchtlingscamps der Westsahara leben ungefähr 170 000 Sahauris, die 1976 von Marokko aus ihrem angestammten Siedlungsgebiet am Atlantik vertrieben worden sind. Algerien bot ihnen ein Stück Land von der Größe des Saarlands an, und es entstand die autonome »Republik Westsahara«. Es gibt sogar eine eigene Flagge und einen Ministerpräsidenten mit immerhin 20 Ministern.

Die »Republik Westsahara« wird von 75 Ländern der Welt, aber nicht von den G-8-Staaten anerkannt, da man es sich nicht mit den Marokkanern verscherzen will. Diese bauten nämlich eine 2500 Kilometer lange Mauer durch die Wüste, um die Sahauris an einer Rückkehr zu hindern. 2500 Kilometer Mauer, wenn das Ulbricht noch erlebt hätte! Seit 1976 sind alle internationalen Bemühungen um eine Lösung des Konflikts gescheitert.

Die Lehmhütte unserer Gastfamilie war erstaunlich luxuriös eingerichtet. Es gab elektrisches Licht und einen kleinen Fernseher, an drei Wänden befanden sich Liegen, auf denen wir zu fünft nächtigen würden, während unsere Gastfamilie in ihr benachbartes Zelt ausgewichen war. Trotz der fortgeschrittenen Zeit ließ es sich unsere Gastmutter nicht nehmen, uns noch Tee zuzubereiten. Bei den Sahauris wird zu fast jeder Gelegenheit und Tageszeit Tee zubereitet. Und das dauert ungefähr eine Stunde. Immer wieder wird das kälter werdende Getränk zwischen den Gläsern hin und her geschüttet, bis ein schaumiges, ziemlich süßes Gebräu entsteht, das man dann wie einen Schnaps innerhalb von Sekunden genießt. Sehr lecker.

Am nächsten Tag unterhielt uns die Kinderschar der Gastfamilie mit einigen einheimischen Tänzen. Das muss man sich mal in einer deutschen Pension im Mittelgebirge vorstellen: Die Herbergsfamilie unterhält die Wandergruppe mit ein paar Tanzeinlagen zu Volksmusik-Rhythmen. Eigentlich keine schöne Vorstellung.

Die Verpflegung war hervorragend. Es gab täglich eine warme Mahlzeit mit der größten lokalen Delikatesse: Kamelfleisch. Wenn man es nicht wüsste, könnte man es in Konsistenz und Geschmack mit Rindfleisch vergleichen. Es gab Kamel-Gemüse-Eintopf, Kamelgulasch und Kamelspieß. Alles sehr schmackhaft und auch die befürchteten Magen-Darm-Beschwerden blieben aus. Allerdings wurde unter den deutschen Lauf- und Wanderteilnehmern nach spätestens 24 Stunden ein Darüber-spricht-man-eigentlich-nicht-Thema doch sehr relevant: die sanitären Anlagen. Eine Hock-Toilette ohne Spülung für sieben

Familienmitglieder plus fünf Gäste. Ohne Licht (dafür waren uns also die Taschenlampen empfohlen worden!), und den Nagel zum Abschließen entdeckten wir auch erst nach zwei Tagen. Und das Beste: Die gleiche Örtlichkeit diente auch als Dusche. Dafür standen ein Wasserkanister und eine abgeschnittene Plastikflasche bereit. Da gab es einige Momente, in denen ich mir die Gemeinschaftsdusche einer deutschen Jugendherberge herbeiwünschte. Aber man gewöhnt sich an alles, und nach zwei Tagen hatten wir unseren »Wellnessbereich«, wie wir ihn liebevoll getauft hatten, in seiner Ursprünglichkeit akzeptiert.

Inzwischen hatte ich die Teilnehmer der deutschen Reisegruppe schon ganz gut kennengelernt. Die meisten waren leidenschaftliche Marathonläufer, die in der Wüste zwar auch den Kick des unbekannten Abenteuers suchten, aber für die das humanitäre Interesse im Vordergrund stand. Denn ein Großteil des Teilnehmerbeitrags kam den Flüchtlingen zugute. Ich lernte einen Physiotherapeuten aus Ulm, einen Rechtsanwalt aus Bremen, einen Polizisten aus Berlin, einen Straßenbahnfahrer aus Essen, einen Städteplaner aus Heidelberg und einen Toilettenpapiervertreter aus Düsseldorf kennen. Alle waren sie in die Wüste gekommen, um zu laufen und zu wandern. Die Bedingungen waren eigentlich ganz gut. Es war um die 25 Grad warm und meistens schien auch die Sonne. Also, eigentlich schien die Sonne die ganze Zeit, aber an den ersten beiden Tagen kämpften wir mit einem leichten Sandsturm und der feine, ständig herumwirbelnde Sand sorgte dafür, dass die Sonne hinter einem milchigen Schleier verschwand. Dafür war es nachts ziemlich warm, was wohl ungewöhnlich für die Jahreszeit ist. Wegen des Sandsturms kaufte ich mir ein dreieinhalb Meter langes Stück Stoff und ließ mir von den Sahauris zeigen, wie man es nach Berberart um den Kopf bindet. Das war ein idealer Schutz gegen Wind, Sand und Sonne. Außerdem hatte ich nun schon mein nächstes Karnevalskostüm.

Nach zwei Tagen der Akklimatisierung und des Kennenlernens stand am dritten Tag der Lauf an. Ich hatte mich dafür entschieden, die Halbmarathonstrecke zu wandern, der Marathon wäre mir zu lang gewesen, die zehn Kilometer zu kurz. Am Morgen fuhren drei Busse zum Startort, der sich im nächsten Flüchtlingscamp befand, Ziel sollte unser Camp Smara sein. In einem Bus – gespendet von den Verkehrsbetrieben Valencia – holperten wir quer durch die Wüste. Der Fahrer beschallte uns mit höllenlauter Musik und zwei junge Sahauri-Damen tanzten derart lasziv, dass es strenggläubigen Muslimen wahrscheinlich die Tränen in die Augen getrieben hätte. Es war eine Vorfreude wie in einer Kölner Straßenbahn kurz vor Beginn des Rosenmontagszugs. Herrlich! Auch die Stimmung vor Ort, im Camp Auserd, war glänzend. Die Frauen des Flüchtlingsdorfes feuerten alle Teilnehmer des Laufes mit schwingenden Zungenlauten an, einer hochtönenden, ohrenbetäubenden Mischung aus Zwitschern und Jodeln. Nach dem Startschuss liefen alle los, während ich gemütlich zusammen mit drei anderen Deutschen anfing zu wandern. Für die anfeuernden Sahauris gaben wir nach dem Start wahrscheinlich ein ziemlich erbärmliches Bild ab. »Corre, corre!«, spornten uns kleine Kinder an, wir allerdings, weder des Sahaurischen noch des Spanischen mächtig, deuteten an, dass wir wohl gewillt wären zu laufen, aber eben nicht so schnell. Und dann forderten die

Kleinen »Camalleros«, Kamelle eben, mit denen wir auch nicht dienen konnten. Wie gesagt, es war fast alles wie beim Karnevalszug.

Wir ließen uns zunächst Zeit und orientierten uns an einem pinkfarbenen Fleck vor uns, einer Läuferin, die wohl eher unfreiwillig mehr wanderte als lief und die wir sehr uncharmant Frau Piggy tauften. Ansonsten zeigten in den Wüstenboden gerammte Pfähle, in welche Richtung man sich bewegen musste. Es war noch recht kalt und windig, sodass alle Jacken übergezogen hatten. Wir sahen jede Menge Sand, aber nicht schönen Wüstensand, sondern steinigen Geröllsand. Und jede Menge Müll. Egal, wo wir in der Wüste unterwegs waren, es lagen alle 10 bis 20 Meter halb vom Sand bedeckte Plastikflaschen, Müllbeutel und Konservendosen herum. Ich hatte den Eindruck, dass wir in Deutschland gar nicht so viel Müll trennen und vermeiden können, wie er in der Wüste herumliegt. Hier war wirklich kein Ort für Wüstenromantik, keine Oasen, keine Karawanen, abgesehen von den fünf magersüchtigen Dromedaren, die man uns am Start gezeigt hatte. Gegen Mittag wurde es heißer und ich hatte mich meiner Jacke entledigt. An einer Verpflegungsstation, an der es Wasser (Achtung, hatte man uns eingeschärft, nur aus frischen Flaschen trinken!) und matschige Bananen gab, überholten uns die ersten Marathonläufer, die natürlich weit vor unserem Startpunkt losgelaufen waren. Ich beneidete sie nicht, denn sie kämpften mit Gegenwind, der zunehmenden Hitze, den fiesen kurzen Dünensteigungen und den Sandlöchern. Für mich als Wanderer war die Streckenführung sehr angenehm: wenig Steigungen und weitestgehend

Verpflegungsstation

flach. Viel zu sehen gab es nicht, ich sichtete einen einzigen Baum. Meiner Meinung nach ist die Bedeutung von Flora am Wegesrand sowieso überschätzt. Ich bin traditionell kein Blümchen-Gucker-Typ und so reichte mir der eine Baum mit etwas Müll darunter auf 20 Kilometern völlig.

Inzwischen hatte ich mit einem sportlichen Mitwanderer, einem jungen KFZ-Mechaniker aus Sachsen, das Tempo ordentlich angezogen. Wir wurden kaum noch von Marathonläufern überholt, weil diese auch nicht wesentlich

Hoffentlich sehen weder Alice Schwarzer noch Thilo Sarrazin noch mein Friseur dieses Foto

schneller als wir Wanderer liefen. Es war nun doch unerträglich heiß geworden. Wir hatten »nur« 27 Grad im Schatten, aber Letzteren gab es eben nicht. Ich dachte an ein altes afrikanisches Sprichwort, das ich wenige Stunden zuvor gehört hatte: »Wenn du dem Teufel ins Gesicht blicken willst, schau in der Wüste zum Himmel.« Denn dort stand der heiße Stern und ging nicht weg. Von der oft zitierten Stille in der Wüste habe ich nichts mitbekommen. Entweder rasten Sanitär-, Organisations- oder Schaulustigen-Jeeps an uns vorbei, oder die eigenen Schritte knirschten sehr laut und der Wind heulte. Abgesehen davon, dass ich von meinem Begleiter, dem KFZ-Mechaniker, durchgehend vollgequatscht wurde. Es ging unter anderem um Rostschäden und die Wüstentauglichkeit des 190er Mercedes Diesel. Sehr lustig fand ich, dass uns nach ungefähr 15 Kilometern ein Wegposten in die falsche Richtung schicken wollte. Also quasi in die Wuste. Ich wäre auch – immerhin war es ein Einheimischer – seinem Rat gefolgt, aber mein sächsischer Wanderfreund wies mir den richtigen Weg. Abends erklärte mir ein Sahauri, wir Deutschen wären zu gutgläubig, wir würden echt alles für bare Münze nehmen. Schau an, dachte ich mir, die haben in der Wüste aber wirklich den Schalk im Nacken. Kurz vor dem Ziel kamen wir an einigen Ziegengehegen vorbei, die sehr fantasievoll aus Blechtonnen, Draht und Autotüren gebastelt worden waren. Die Ziegen sahen bemitleidenswert mager aus und kauten auf Plastikteilen herum. Im Ziel konnte ich hauchdünn vor meinem sächsischen Mechaniker den Sieg im Wanderhalbmarathon in einer Zeit von drei Stunden und 45 Minuten davontragen. Leider gab es dafür keinen Pokal. Mir ging es sehr gut, im Unterschied zu einigen Läufern, die entkräftet am Tropf hingen oder einen Hitzschlag erlitten hatten.

Am Tag nach der Wanderung, unserem letzten Tag in der Westsahara, brachte ich noch meine fünf 1.FC Köln-Trikots an den Mann. Aber auch nur an den Mann, denn für die Schulkinder waren die Trikots ungeeignet, da man mir in der Geschäftsstelle des Domstadt-Vereins nur Exemplare der Größe XXL eingepackt hatte. Und so schlotterten diese Trikots wie Bettlaken an den Körpern der Sahauris. Ein etwas peinliches Gastgeschenk, hatte ich doch gesehen, dass viele Jugendliche mit topsitzenden Real-Madrid- und Barcelona-Trikots herumliefen. Am Tag nach der Wanderung feierten wir mit den Sahauris ihren Nationalfeiertag. Dabei wurden wir Zeuge einer endlosen Parade mit selbst gebastelten Panzerfäusten, die eine Leistungsschau der »Republik Westsahara« war. Fidel Castro hätte seine Freude daran gehabt.

Ein Herz für Revolutionäre hatte ich schon immer

Für den Rückflug hatte ich mir eine Premiere vorgenommen: Ich wollte illegal etwas außer Landes bringen. Keine

Eine Papprolle, etwas Farbe – fertig ist die Panzerfaust

Drogen, keine Waffen, keine Antiquitäten, sondern Sand. Die Ausfuhr von Sand ist in Algerien nämlich strengstens untersagt, die Sicherheitsvorkehrungen sind enorm. Warum, wusste keiner. Fürchtete man, dass die Wüste sandlos oder dass die geheime Formel der algerischen Sandproduktion entdeckt werden könnte? Keine Ahnung. Mein erster Schmuggelversuch verlief auf jeden Fall erfolgreich, doch wurde ich in den nächsten Tagen daheim mit einer unbarmherzigen Influenza bestraft, die mich drei Wochen ans Bett fesselte.

Meine Saharawanderung ist eindeutig ein großartiges Erlebnis gewesen, aber nicht zuletzt wegen der Reisestrapazen schrecke ich vor einer Wiederholung zurück. Es muss nicht immer die Wüste sein, auch in Mazedonien, Schottland, Mallorca und Paris kann man toll wandern.

Bewertung	
Glücksfaktor	★★
Erlebnisfaktor	★★★★★
Abenteuerfaktor	★★★★
Sicherheitsfaktor	★★
Sportfaktor	★★★
Abwechslungsfaktor	★
Sandfaktor	★★★★★
Botanikfaktor	★

West Highland Way
Sdottland

Fort William

Glen Nevis →

Wald

Ben Nevis

Genau hier
ändert sich die
Landschaft

Drei Wanderinnen

Ruine

Kinlochleven

Schafe

Loch Leven

I would walk 500 miles –
In den schottischen Highlands
September 2008

Ehrlich gesagt, bin ich eigentlich wegen eines Fußball-spiels nach Schottland geflogen. 1.FC-Köln-Fan Daniel hat in Schottland für ein Jahr studiert und hatte Karten für Glasgow Rangers gegen Kilmarnock besorgt. In Zeiten von Billigflügen eine gute Gelegenheit, dachte ich, mal in die schottische Fußballkultur einzutauchen. Die Stimmung in britischen Fußballstadien wird, unter uns gesagt, ziemlich überschätzt.

Auf jeden Fall wäre es eine Schande gewesen, wenn ich neben der schottischen Fußballkultur nicht auch die schottische Wanderkultur getestet hätte. Die schottischen Highlands kannte ich nur aus Filmen, in denen sich Christopher Lambert als Highlander oder Mel Gibson mit nackt-unrasierten Beinen grüne Hügel hinunterstürzten, Schwerter schwingend und brüllend. Das konnte doch nicht alles gewesen sein, was die Highlands zu bieten hatten, oder?

Ich fuhr frühmorgens von Glasgow aus mit dem Bus Richtung Fort William. Busfahren ist in Schottland das Verkehrsmittel Nummer eins, schließlich gibt es kaum Zugverbindungen. Dafür existieren allein in Glasgow mehrere riesige Busbahnhöfe mit unzähligen Nah- und Fernbussen. Das Ticketsystem ähnelt dem der Deutschen

Bahn, es gibt also Supersparpreise mit Busbindung, verbilligte Rückfahrkarten und teure Spontantickets. Ich hätte mir einen Komfortbus mit Toilette für die dreistündige Fahrt gewünscht, es gab aber nur eine Klapper- und Rappeltour.

Von Kinlochleven wollte ich nach Fort William wandern, einem ehemaligen Garnisonsort, gegründet, na? – richtig, von einem gewissen Sergeant William, am Loch Linnhe gelegen, unterhalb des Ben Nevis am Glen Nevis. Lochs, Glens und Bens – mit diesen geographischen Bezeichnungen kann man sich ganz gut in den Highlands durchschlagen. Die Lochs sind – klar, kennt man von Loch Ness – die Seen Schottlands. Die Glens sind die tiefeingeschnittenen Täler der Highlands und die Bens, das sind die Berge. Wobei Ben Nevis etwas ganz Besonderes ist, denn er ist mit 1 343 Metern der höchste Berg Großbritanniens. Dazu später mehr.

Der bekannteste Weitwanderweg Schottlands ist der West Highland Way. Über sieben Etappen und 153 Kilometer führt er von Glasgow nach Fort William. Sieben Tage Zeit hatte ich nicht, also ging ich nur die letzte Etappe. Die führt von Kinlochleven, am Ende des Loch Leven gelegen, nach Fort William. Loch spricht man wie im Deutschen »Loch« aus, was für alle Gälisch-Sprachigen in Ordnung ist, alle Briten aber wohl vor große phonetische Probleme stellt, wie wir sie mit dem Ti-eitsch haben.

Der Einstieg in den West Highland Way, kurz WHW, war in Kinlochleven schnell gefunden. Gut markiert ging es bergan. Und der Pfad war schmal, wand sich den Anstieg hinauf, nicht in dumpfen Kehren, sondern abwechslungsreich dem Gelände angepasst. Durch lichte Wälder, über gurgelnde Bäche, und immer wieder gab es großartige

Am Loch Leven

Ausblicke auf Kinlochleven und den Loch. Dann hatte ich ungefähr 300 Höhenmeter erreicht. Höhenmeter bedeuten in Schottland Netto-gleich-Bruttohöhenmeter, weil die Lochs auf Meereshöhe liegen. Und in dieser Höhe von 300 Metern blieb ich mehr oder weniger auch über die restlichen 25 Kilometer bis Fort William. Sooo high sind die Highlands also gar nicht.

Dass ich für die nächste halbe Stunde schon erkennen konnte, wo der Weg langführen würde, machte mir erstaunlicherweise dieses Mal nichts aus. Auch die Landschaft hatte nach den gängigen Regeln des Wanderglücks nicht viel zu bieten. Kein Baum war zu sehen, und obwohl nur 300 Meter hoch gelegen, fühlte ich mich an Täler in den Alpen oberhalb der Baumgrenze erinnert. Und das alles bei wundervoll schottischem Wetter: Ein bisschen Sonne, dann wieder Wolken, ein Regenschauer und schon spannte sich wie auf einem Kitsch-Gemälde ein riesiger und ungeheuer farbintensiver Regenbogen über das Tal. Schottisches Wetter ist wie Aprilwetter, aber nur, so hörte ich, außerhalb des Aprils. Denn jener ist wohl der schottische Wonnemonat mit den niedrigsten Niederschlägen im ganzen Jahr. Markierungen gab es hier nicht, wozu auch? Anders als in deutschen Mittelgebirgen, wo unzählige Pfade und Wege vom Hauptweg abgehen, gab es hier nur **einen** Weg, **den** Weg. Wanderverwöhneinrichtungen wie Schutzhütten, Wanderbänke oder gar kleine Brücken kennt der Schotte nicht. Wenn kleinere Bäche zu überqueren sind, muss man entweder einen gewaltigen Satz machen, kunstvoll über Steine balancieren oder sich nasse Füße holen. Wandern ohne Schnickschnack eben.

Alleinige Abwechslung war eine Ruine. »Keep out« stand auf einem Schild. Das dahinterliegende Haus bestand aus verfallenen Mauern und hatte kein Dach. Warum sollte man also dort auch hineingehen, es bot sowieso keinen Regenschutz.

Ach, und es gab Schafe, viele Schafe. Diese bewohnten die kargen Wiesen des Tals, Entschuldigung, des Glens, und waren nicht sehr neugierig auf den wandernden Eindringling. Man könnte sie sogar als eher scheu bezeichnen, liefen sie doch immer weg, sobald ich mich ihnen nähern wollte. Ich beschimpfte die Schafe etwas artfremd als »feige Schweine«. Ha, das hatte gesessen!

Hinter dem verlassenen Haus überholte ich drei junge Frauen, herausgeputzt mit allem, was die Wanderindustrie

Ich muss mich am Wegweiser festhalten

im Angebot hat. Ultrafunktionskleidung, Schlafsäcke mit Mikrofaser, Trinkbecher aus raumfahrtgetestetem Material, kurz, wie aus einer Werbung für Jack Wolfskin. Sie sahen aus wie Deutsche, irgendwie spürt man so etwas instinktiv. Ich grüßte und ihr Zurückschweigen war fast schon aggressiv. Ihre Mienen verrieten, dass sie schon bessere Zeiten gehabt hatten als auf diesem West Highland Way.

Als mir schließlich doch drohte langweilig zu werden, ging es auf dem West Highland Way in den Wald. Dort fiel in langen Streifen das Sonnenlicht durch die Fichten. Das war schon sehr hübsch anzusehen, obwohl die Highlands nichts für ungeduldige Wanderer sind. Große Abwechslung darf man nicht erwarten, die Landschaft ändert sich nur alle paar Stunden, sodass das Wandern auf dem West Highland Way eher kontemplativen Charakter hat. Man bleibt (abgesehen von ein paar Schafen und den Jack-Wolfskin-Frauen) bei sich und seinen Gedanken.

Die letzten Kilometer nach Fort William hinab sind dann jedoch fernab jeder Premiumqualität: Forstwege und Krach durch Straßenbau fallen hier unangenehm auf. Getröstet hat mich dann ein Bier im Pub. Einem bösen Gerücht zufolge liebt der Brite sein Bier ja schal und warm, hält sogar zur Not einen Tauchsieder hinein, sollte es nicht die richtige Temperatur haben. In diesem schottischen Pub war das Bier eiskalt, und man hatte zwanzig (!!!) Sorten vom Fass zur Auswahl. Es gab helles Lagerbier mit viel Kohlensäure und Ale mit wenig bis gar keinen Bubbles. Und da hatte ich die Erleuchtung! Kein Mensch braucht Kohlensäure im Bier. Frische vortäuschend, schafft es nur Magengrimmen und ständiges Aufstoßen. Ich stellte fest, dass ich Bier ohne Kohlensäure viel lieber mag!

Gezahlt wird im Pub immer direkt an der Theke, Trinkgeld wird verwundert zurückgewiesen oder beleidigt angenommen.

Echt schottisches Frühstück

Untergebracht war ich in einem verwunschenen Bed & Breakfast, gelegen in einem Pfarrhaus von 1880. Zum Frühstück auf karierten Tischdecken konnte man zwischen englischen Scheußlichkeiten wählen. Ich entschied mich für gebratene Pilze, Spiegelei, Tomaten und Haggis. Das ist nicht der Wachhund aus Harry Potter, sondern die schottische Nationalspeise: gehackte Lamminnereien mit Zwiebeln und Gewürzen vermengt. Schmeckt natürlich viel besser, als es sich anhört. Wenigstens weiß man, was in dem Hackbrei drin ist, was man von einer deutschen Frikadelle oft nicht behaupten kann.

Am zweiten Tag machte ich mich auf zum Ben Nevis. Am Fuß des Bergs befindet sich ein niegelnagelneues Besucherzentrum, wo ausführlich dargestellt wird, was man alles auf den Ben Nevis mitnehmen muss. Außer der Trillerpfeife hatte ich alles dabei, sogar einen Rucksack. Ich sprach mit Wanderern, die am Vortag auf dem Ben Nevis gewesen waren. Dort hatten sie bei zwei Grad genau zehn Meter in den Nebel schauen können. Das letzte Drittel des Aufstiegs ging über Steingeröll, das den ganzen Gipfel bedeckt. »Worst mountain ever«, sagten die Burschen, und ich entschloss kurzerhand, den Ben Nevis Ben Nevis sein zu lassen und im Tal zu wandern. Glen Nevis ist genau jener Ort, wo »Highlander«, »Braveheart« oder »Harry Potter« gedreht wurden und ist wirklich das perfekte, wild-romantische Schottland. Richtig weit bin ich dort allerdings nicht gekommen.

Der Fußpfad am Fluss entlang, auf keiner Karte zu finden, ist ein einziges Feuchtgebiet. Sobald man denkt, »Prima, die Stelle ist super«, geht es – flatsch!, und der Fuß sinkt knöcheltief ein. Ich versuchte erst nach dem Motto: »Ist das Schuhwerk erst ruiniert, geht es sich ganz ungeniert«, die Wanderung fortzusetzen, zog es aber dann nach wenigen Kilometern vor, mit dem Bus nach Fort William zurückzukehren.

Die schottische Popgruppe The Proclaimers sang in den 1980er-Jahren: »I'm gonna walk 500 miles and I would walk 500 more«. Ich weiß nicht, ob ich wirklich Lust hätte, 500 Meilen in Schottland zu wandern. Die Distanz auf dem West Highland Way beträgt nur 95 Meilen und die wären mir ehrlich gesagt schon zu viel, die Tagesetappe von Kinlochleven nach Fort William hat mir gereicht. Es gibt wohl tatsächlich die nordischen Wandertypen, die eher auf Einsamkeit, kaltes Wetter und karge Landschaften stehen. Zu denen gehöre ich eindeutig nicht. Und ich

vermute, dass sich auch viele andere Wanderer ihr High-
lands-Wandererlebnis nur im Nachhinein schönreden. Die
drei Jack-Wolfskin-Frauen waren ein – wenn auch nicht
repräsentatives – Beispiel dafür, wie man beim Wandern
auch unglücklich sein kann. Die Vielfalt der deutschen
Mittelgebirge kann man in Schottland eben einfach nicht
finden. Daher würde ich sagen: »I walked 15 miles and I
would walk no mile more.«

Bewertung	
Glücksfaktor	★★★
Erlebnisfaktor	★★
Abenteuerfaktor	★★★
Sicherheitsfaktor	★★★
Sportfaktor	★★★
Abwechslungsfaktor	★
Bierfaktor	★★★★★
Schafefaktor	★★★★★

Skopje

Vodno
Gipfelkreuz

Feld am Weinberg
Zu Ehren von
Sv. Trifun

Nadar

Militärbunker

Letzte
Gipfelrast-
Hachet

Grothen
Steinsee

Sveti
Andreja

Serbien!

Griechenland!

Albanien!

Sehr sehr ungefähre Karte von der
Wanderung in Mazedonien

Die Berg, die Schnaps, die Glück – Wandern und Feiern in Mazedonien

Oktober 2008 + Februar 2010

Über Skopje schwebt ein Kreuz. Es steht auf dem Hausberg der Stadt, fällt bei jedem Stadtbummel sofort ins Auge. In Skopje, der Hauptstadt von Mazedonien, besuche ich die Verwandten meiner zukünftigen Frau. Es ist mein zweiter Mazedonien-Aufenthalt und dieses Mal will ich auf jeden Fall wandern.

Das Kreuz am Vodno

Mazedonien, wo ist das noch mal gleich? Man kommt immer so ein bisschen durcheinander, vor allem bei EM-

und WM-Qualifikationen. Moldawien, Montenegro, Mazedonien, alles da unten, irgendwo im Osten, Balkan, nicht wahr? Mazedonien darf man eigentlich nicht Mazedonien nennen. Die offizielle Bezeichnung ist FYROM, Former Yugoslavian Republic of Macedonia. Das Land war der südlichste Bundesstaat Jugoslawiens, wurde vom Krieg Anfang der 1990er-Jahre verschont und grenzt an Serbien, Albanien, den neuen Staat Kosovo, Bulgarien und Griechenland. Die Griechen quengeln schon seit Jahren, dass Mazedonien sich nicht Mazedonien nennen dürfe, denn Mazedonien sei doch ein Landstrich von Griechenland. Was die Mazedonier nicht davon abhält, den Flughafen in Skopje »Alexander the Great« zu nennen, denn dieser Alexander war doch bekanntlich Mazedonier. Und hatte er nicht ein mazedonisches Riesenreich geschaffen, das nur von historisch Unkundigen als ein griechisches betrachtet wurde? Das bringt wiederum die Griechen auf den Olivenbaum, sodass sie ein Veto gegen Mazedoniens NATO-und EU-Beitritt einlegten. Trotz wirtschaftlicher Mega-Krise ärgern sich die Griechen leidenschaftlich gern, und ein Ende des Streits ist nicht in Sicht.

Um mich vorzubereiten, hatte ich nach Wanderkarten gesucht, aber keine gefunden. Allein loszulaufen hatte mir meine Verlobte untersagt. In Mazedonien gäbe es professionelle Scouts, die einen durch die Berge führten. Das war mir allerdings zu touristisch, schließlich sollte ich ja bald eine Mazedonierin heiraten. Also musste sie für eine private Wandergruppe sorgen. Nicht so einfach, aber viele Telefonate später stand eine Verabredung mit Dragan und seinen Freunden für den Samstagmorgen fest.

Wir treffen uns am Fuß des Vodno, jener Berg, auf dem das Kreuz steht. Dragan ist 29 Jahre alt und arbeitet als Informatiker in einer Bank. Von der Optik her könnte er Mitglied in einer Grunge-Band sein. Aber laute Musik und Kneipen sind nicht seine Sache, er wandert lieber. Er hatte vorgeschlagen, dass wir erst den Berg besteigen und dann die Umgebung von Skopje erwandern. Eigentlich muss es **die** Berg heißen, denn alles Schöne in Mazedonien ist weiblich: **die** Berg, **die** Schnaps, **die** Glück.

Bei sonnigem Balkan-Indian-Summer-Wetter laufen wir einen Weg entlang, rechts und links kleine Eichenbäume und blaue Blumen. Wir sind nicht die Einzigen, die diesen Morgen zum Wandern nutzen, einige Frühaufsteher kommen uns auch schon wieder entgegen. »Wandern ist der Sport Nummer eins der Mazedonier«, erklärt mit Dragan. »Und wieso gibt es dann keine Wanderkarten?«, frage ich. Dragan überlegt lange. »Vielleicht, weil es so gut wie keinen Tourismus in Mazedonien gibt? Die Einheimischen wissen ja, wo es langgeht.« – »Es ist einfach eine größere Herausforderung«, wirft Daniel ein. »Man weiß eben nie, ob man wirklich ankommt.« Gut, denke ich mir, dass ich nicht allein unterwegs bin.

Der Aufstieg auf den Vodno ist sportlich. Die Steigungsprozente sind kernig, alle schwitzen. Nach anderthalb Stunden erreichen wir den Gipfel in 1 060 Meter Höhe, und das Kreuz ist nah und riesengroß. Im Jahr 2000 wurde es errichtet und wird daher auch Millenniumskreuz genannt. Zwölf Säulen, die die Apostel symbolisieren, sind um vier größere Säulen (die Evangelisten!) gruppiert, die zusammen das Fundament für das Kreuz bilden. Das Kreuz selbst ist 60 Meter hoch und in eiffelturmhaftem Stahllook gehalten. Die 33 baukastenförmigen Abschnitte symbolisieren die Lebensjahre Jesu. Der Besucheraufzug ist kaputt. Unumstritten ist es nicht, dieses Kreuz, denn immerhin 500 Jahre herrschten die Osmanen über Mazedonien und noch lebt eine große Minderheit von Albanern im Land. Das Kreuz hingegen signalisiert unmissverständlich: Dieses Land ist Christen-Land. »Peinlich«, »furchtbar«, sagen viele in der Wandergruppe.

In einer Berghütte holen wir uns Tee und setzen uns auf Bänke, um den mitgebrachten Proviant zu verzehren. Wir sitzen zwischen jeder Menge verschwitzter T-Shirts, die man über die Geländer zum Trocknen gehängt hat. Auch eine preisgünstige Alternative zur Funktionskleidung.

Trocknende Wanderwäsche

Plötzlich schießt ein wilder Hund auf uns zu, um zu betteln. Das hört sich verwegen an, uh, wilder Hund, bestimmt ganz schön gefährlich. Im Gegenteil! Seit ich in Mazedonien war, bin ich ein großer Fan von streunenden Straßenhunden. Nirgendwo sieht man Hundehaufen auf den Bürgersteigen, anscheinend entsorgen die Straßenköter ihre Geschäfte sehr diskret. Außerdem wird hier nicht gebellt. Das würde den Hunden ja auch die Lebensgrundlage entziehen. Kein Mensch gibt ihnen etwas, wenn sie bedrohlich wirken. So sollte es in Deutschland auch sein, enteignet die Hunde-besitzer, Freiheit für alle Hunde!

Vom Gipfel des Vodno hat man eine tolle Aussicht über Skopje, die Hauptstadt Mazedoniens. Mit 500 000 Ein-wohnern lebten hier ein Viertel aller Mazedonier. Dennoch ist die Stadt geteilt. Das osmanische Viertel mit dem türki-schen Basar und den vielen Minaretten ist durch den Fluss Vardar getrennt vom südlichen Zentrum der Stadt mit den orthodoxen Kirchen. Im Zentrum Skopjes kann man gut die Schneise der Verwüstung erahnen, die das große Erdbe-ben von 1963 hinterließ. Die Post-Erdbeben-Architektur des Japaners Kenzo Tange lässt Skopje stellenweise wie eine Kulisse aus einem Buck-Rogers-Film erscheinen.

Wir wandern weiter auf einem schmalen Grat des Berg-rückens westwärts. Nördlich blicken wir auf die Vorstädte Skopjes, in südlicher Richtung auf viel Landschaft. Könnte man die im Dunst liegenden 2000er-Berge am Horizont wegfräsen, hätte man einen tollen Blick auf Griechenland und das Mittelmeer. Der Weg ist in den mazedonischen Landesfarben Gelb-Rot-Gelb markiert. »Wer zeichnet denn die Wege aus?«, frage ich Dragan. »Die Wandervereine. Als ich jung war, habe ich da auch mitgemacht.«

Die Stille auf dem Berg ist fantastisch. Ich höre ein dezentes Insekt, einen Vogel, der Froschgeräusche absondert. Unsere Schritte werden abgefedert durch braune Kiefernnadeln. Nach zwei Kilometern durch kiefern- und birkenreiche Wälder sehen wir verlassene, tarnfarbene Bunkeranlagen. Dies könnte auch ein Grund für den Mangel an Wanderkarten sein, schließlich darf man hier erst seit Kurzem wandern. Nach der Verlegung der Militäreinrichtungen streiften bewaffnete, aufständische Albaner 2001 bis 2003 durch die Wälder und machten sie unsicher. In Deutschland gehören Räuber zum Figurenrepertoire des Kasperletheaters, hier sind sie Realität und Teil der jüngsten Vergangenheit.

Die Landschaft verändert sich langsam: Heidelandschaft und Holunderbüsche säumen den Weg. (Ich koste die erste Holunderfrucht meines Lebens!). Als ich einen Mann entdecke, der mit einem langen Stock auf eine Heidebuche einprügelt, schaue ich meine Mitwanderer ängstlich an. Sie beruhigen mich: Er sei nicht irre, er sammle nur die Nadeln zur Herstellung eines Medikaments. Was für ein Medikament? »Keine Ahnung«, bekomme ich zur Antwort, meine Begleiter scheinen ähnliche Flora-Nieten wie ich zu sein und kennen den Namen des Gewächses nicht mal. Ein gewisses Wildwest-Wüsten-Flair entsteht durch die Wildziegen-Kadaver, die allerdings schon reichlich streng riechen. Erschossen, verdurstet, verhungert, vergiftet?

Auf dem letzten kleinen Gipfel unserer Gratwanderung machen wir eine Pause. Ich bin schön warmgelaufen und könnte eigentlich weitergehen, aber jetzt wird erst einmal geredet – in aller Ausführlichkeit. »Muabet« nennen sie das hier, frei übersetzt »Quatscherei«. Es gibt in Mazedonien

Meine geliebte Dolmetscherin und Dragan

Muabet beim Kaffee, Muabet beim Schnaps, Muabet beim Bier. Und jetzt Wander-Muabet. Ich frage Dragan, wo man denn in Mazedonien noch wandern kann. Er gerät richtiggehend ins Schwärmen. »Eigentlich überall, am schönsten ist es wahrscheinlich im Nationalpark Pelister mit aufregendem Hochgebirgsflair. Lohnend ist auch der Korab, der höchste Berg des Landes im albanischen Grenzgebiet, den man nur unter mazedonischem Militärschutz besteigen kann. Früher war das absolute Sperrzone, mittlerweile gibt es einmal im Jahr einen richtigen Korab-Volkswandertag.«

Es ist Mittag, aus dem Tal hört man die Stimme des Muezzins, der zum Gebet ruft. Wir wollen absteigen, aber keiner kennt den Weg, da wir den markierten Pfad schon lange verlassen haben, um die Ausblicke vom Grat zu genießen. Dragan telefoniert lange, wirkt ratlos. Währenddessen zaubert Daniel aus seinem Rucksack eine Frisbee-Scheibe und es wird gespielt. Richtig gute Frisbee-Spieler sind wir alle nicht. Ich werfe die Scheibe in hohem Bogen in die Heidebüsche. Daniel sucht, findet sie und ruft: »Hier ist der Weg.« Das Frisbee als Wegfindungs-Wünschelrute, nicht schlecht.

Nach insgesamt 17 Kilometern gelangen wir unten im Tal zum Ort Matka, unserem Ziel. In einer tief eingeschnittenen, wild-romantischen Schlucht gehen wir zu einem hundert Jahre alten Stausee. Einen Kilometer hinter der kleinen Staumauer lassen wir uns in einem Ausflugslokal nieder. Die Luft ist voll vom Duft nach frisch gebratenen Cevapcici. Wir trinken Skopsko, das leckere Bier aus der Hauptstadt. Neben den langen Holzbänken duckt sich eine winzige orthodoxe Kirche unter den Fels: Sveti Andreja, das heißt Sankt Andreas. Bedeutende Fresken aus dem 14. Jahrhundert gibt es in der Kirche zu sehen. Ich bin zu müde für die Fresken, vielleicht beim nächsten Mal. Jetzt wollen wir alle feiern, dass wir gesund die mazedonische Wanderung überstanden haben.

Ich bin geneigt zu behaupten, dass man generell auf dem Balkan mit dem Feiern kein größeres Problem hat. Ich war bei meinem letzten Aufenthalt 2010 in Mazedonien Zeuge des Festes zu Ehren des Heiligen Trifun, zu Mazedonisch Sveti Trifun. Der heilige Trifun ist in der Umgebung von Skopje der Schutzheilige des Weinbaus. Dieses Fest wird immer am 14. Februar gefeiert, dem Tag, den man weltweit zu Ehren der Blumenhändler auch den Valentinstag nennt. Zufällig fiel in dem Jahr, als ich den Sveti Trifun mitfeiern durfte, Karnevalssonntag auf den 14. Februar. Karneval kennt man interessanterweise auch an einigen Orten Mazedoniens. Es gibt allerlei Kostümierungen, bauchfreie Tänze und Umzüge. Das Beste ist, dass der Karneval in Mazedonien Karneval heißt (КАРНЕВАЛ) und nicht etwa Fasenacht oder Fasching wie in anderen exotischen Regionen Europas. Das Besondere am mazedonischen Karnevalsfest ist, dass man um Vergebung bittet. Ja, richtig gehört, man bittet um Verzeihung, weshalb das Ganze auch als Vergebungsfest bekannt ist. Wie geht das praktisch vor sich? Nun, wenn man sich am Vergebungstag begegnet, wünscht man nicht wie an Ostern »Frohe Ostern« oder an Weihnachten »Frohe Weihnachten«, sondern sagt einfach: »Vergebung«. Vergebung für alles, was ich tat oder noch tun werde. Ist doch eine tolle Sache. Vergib mir und dann halt den Rest des Jahres die Klappe, habe ich dich nicht am Vergebungstag um Vergebung gebeten? Na also. Ich finde das besser als alle Beichtstühle der katholischen Gläubigen zusammen.

Ich bat also alle Menschen, denen ich am 14. Februar in Mazedonien begegnete, auch wenn ich sie vorher noch nie gesehen hatte, um Vergebung. Dann machten wir uns auf den Weg zum Fest des Sveti Trifun. Dafür trafen wir uns zunächst auf dem Parkplatz vor Skopjes größtem Supermarkt, und dann wanderten wir einige Straßenzüge weiter, immer bergan, über matschige Feldwege bis zu einer kleinen Wiese. Und von dort sahen wir schon den Ort des Festes, einen kleinen Weinberg am Fuße des Vodno.

Zur Geschichte des Weinbergs: Vor 75 Jahren kaufte Andreas Elsäßer das Stück Land. Andreas war sogenannter Volksdeutscher und um die Jahrhundertwende mit seinen fünf Geschwistern nach Mazedonien gekommen. Die Pflege des Weinbergs liegt ganz in den Händen der Familie. Von Andreas Elsäßer übernahm Ǧorǧi die Verantwortung, der inzwischen 80 Jahre alt ist. Er hat wiederum die Tradition an seine Söhne weitergegeben. Die Zeremonie des Festes besteht darin, dass Familie und Freunde das erste Mal im neuen Jahr die jungen Weinreben anschneiden. Mit dem Fest des Sveti Trifun gilt es nämlich als beschlossene Sache, dass der Winter vorbei zu sein hat und man sich endlich dem Weinbau zuwenden kann. An dieser Beschneidungs-Zeremonie beteiligte ich mich auch, das Ganze nahm aber nur kurze Zeit in Anspruch.

Der eigentliche Kern des Festes war, dem Anlass entsprechend, das Saufen und Fressen. Vergebung, dass ich das so ausdrücke, aber genauso war es. Wenn die alten holländischen Meister das Schlaraffenland malten, hingen in den Bäumen die Würste und Schweinehälften und der Wein sprudelte den auf dem Boden Liegenden in den Mund. Genauso war es am Fuß des Vodno zu Ehren des Sveti Trifun. Riesige Mettwürste waren an blattlose Äste gebunden und ganze Hälften von kürzlich verstorbenen Tieren baumelten dazwischen. Alle fünfzig Zentimeter standen auf den Natursteinmauern Weinfässer mit prallen Zehn-Liter-Schläuchen und warteten darauf, geleert zu werden. Die Tischplatten bogen sich unter Salaten, dampfenden herzhaften Kuchen mit Fleischstücken und geräucherten Schweinen, die einen aus kleinen Augen zublinzelten. Unter einem Aschekegel am großen Lagerfeuer wurden fladenbrotgroße Pitas mit Schafskäse- und Spinatfüllung gebacken. Pieter Breughel hätte seine Freude an diesem Szenarium gehabt.

Dazu spielte eine Zigeuner-Combo, dass einem Hören und Sehen verging. Das Trio schlug nämlich nicht nur auf eine beachtliche Trommel ein, sondern zwei Musiker bliesen außerdem in riesige Tröten, gegen die die südafrikanischen Vuvuzuelas wie lächerlicher Kinderkram erscheinen. Der Speichel der Musikanten floss dabei in Strömen aus den Trötenmündungen. Die mindestens 130 Dezibel laute Musik beschallte genau so lange die Trommelfelle der Umstehenden, bis einige Dinare den Besitzer gewechselt hatten. Dann suchten sich die Trötenmänner ihre nächsten Opfer. Die meisten Anwesenden schienen aber durchaus Melodien in dem Getute erkennen zu können und so manche beschwipste Dame drehte sich verzückt im Kreise. Hier sei angemerkt, dass man die Menge des Essens immer gut mit der Menge des Weins abgleichen sollte. Ich sah den einen oder anderen Gast, der sich zu viele Umdrehungen zugemutet hatte und schon nach kurzer Zeit dem heiligen Trifun ein Opfer im Weinberg darbringen musste.

Alles erinnerte mich beim Sveti Trifun an den Straßenkarneval: zu viel Alkohol, laute Musik, zu frühes Trinken unter freiem Himmel, wildfremde Menschen, die sich in den Armen liegen, keine Toiletten. Der einzige Unterschied: kein Kostümzwang. Weil es sich um ein wahrhaft bacchantisches Fest handelte war unter den fünfhundert Gästen auch kein einziges Kind zu finden. In Deutschland hätten sich hundertprozentig etliche Eltern gefunden, die ihren Nachwuchs aus Bequemlichkeit mitgeschleppt hätten. Das kam bei Sveti Trifun keinem in den Sinn, und die Kinder wurden zu Hause gelassen. Und so war es eine Art Initiation, dass der 17-jährige Enkel von Ǧorǧi Elsäßer erstmals mit seinen Freunden bei dem Fest anwesend sein durfte. Sehr konsequent, denn was haben Minderjährige bei einer Feier zu suchen, bei der es ausschließlich um das Eine geht! Eigentlich auch eine schöne Idee für den rheinischen Straßenkarneval: Lasst die Kinder daheim, das spart eine Menge Geld an überflüssigen Cowboy-, Indianer- und Vampir-Kostümen. Und die Erwachsenen betrinken sich hemmungslos.

Mit einigen Anwesenden konnte ich mich auch auf Deutsch unterhalten. Darko hatte zwei Jahre in Detmold Musik studiert und war mit dem Telekom-Orchester Bonn auf Konzerttourneen gewesen. Dirk arbeitete in den deutschen Botschaften in Irland, Kenia und Mazedonien und leistete gerade in Belgrad seinen Dienst. Für Dirk war der 14. Februar ein derartig heiliger Feiertag, dass er immer wieder nach Skopje kam. Nach zwei Litern verkündete Dirk im Brustton der Überzeugung »Jas sum makedonski« – »Ich bin Mazedone.« Alkohol kann nicht nur bewusstseins-, sondern auch nationalitätsverändernd sein. Eher belustigt wurde zur Kenntnis genommen, wenn ich beschwipst »Prost« sagte. Die mazedonische Übersetzung entspricht einer leichten geistigen Behinderung. Ich bat alle Umstehenden schon mal vorab um Verzeihung!

So ausschweifend wie die Feier am Sveti Trifun 2008 wird unsere Einkehr am Stausee Matka im folgenden Jahr nicht.

Am Ziel unserer Wanderung verstehe ich, warum ein

Wanderer in Mazedonien normalerweise den gleichen Weg zurück nimmt: Rundwanderwege sind nicht üblich, und es gibt nicht viele Möglichkeiten, nach einer Streckenwanderung wieder nach Hause zu gelangen. Die erste Möglichkeit wäre mit dem Bus. Aber niemand weiß genau, wann der fährt, wie oft und ob überhaupt samstags. Außerdem muss man zur Haltestelle mindestens eine halbe Stunde laufen. Die zweite Möglichkeit wäre, ein Taxi in Skopje zu rufen. »Das schnappt sich im Zweifelsfall ein anderer«, mutmaßt Dragan. Am besten ist es allerdings, wenn man jemanden in Skopje kennt, der einen abholt: Vlado, den Schwager meiner zukünftigen Frau zum Beispiel. Da in Mazedonien jeder jemanden kennt, der einen kennt, kommt nach und nach die ganze Wandergruppe zurück.

Als es dunkel ist in Skopje, ist das Kreuz auf dem Vodno gleißend erleuchtet. Der Berg ist nachtschwarz und nicht zu erkennen, sodass das Kreuz hell über der Stadt schwebt. Heute Abend hat es Besuch bekommen, direkt neben ihm steht ein scharf umrissener Halbmond.

Bewertung	
Schlaraffenland-Faktor	★★★★★
Glücksfaktor	★★★★★
Erlebnisfaktor	★★★★
Abenteuerfaktor	★★★★★
Sicherheitsfaktor	★★
Sportfaktor	★★★★
Abwechslungsfaktor	★★★★
Balkan-Faktor	★★★★★

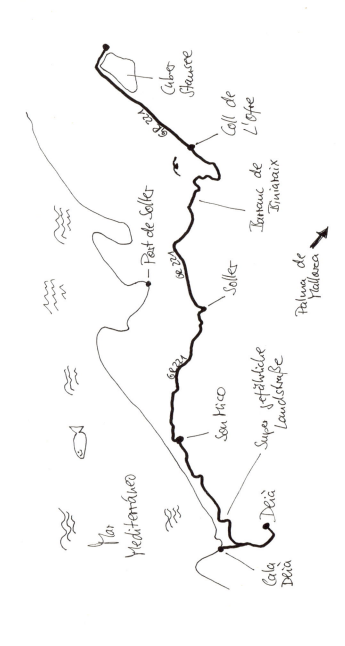

Dialektik des Tourismus –
Wandern auf Mallorca

April 2009

Schon im Flugzeug musste ich einige lieb gewonnene Klischees über Mallorca-Touristen über Bord werfen. Ich sah keine angetrunkenen jungen Männer mit grellen T-Shirts und Mario-Barth-Bärten. Ich traf auch keine 50-jährigen, wasserstoffblond gefärbten Frauen mit deutlich zu kurzen Röcken. Nein. Im Flugzeug saßen Familien mit kleinen Kindern und sehr viele Reisende, deren Outfit und Schuhwerk eindeutig signalisierten: Wir wollen auf Mallorca wandern.

Wer auf Mallorca wandern will, tut dies im gebirgigen Nordwesten der Insel im 1 447 Meter hohen Tramontana-Gebirge. TRA-MON-TA-NA. Den Namen habe ich mir irgendwann gemerkt als Mischung aus Straßenbahn und Bergwerk. Und dort bieten sich zwei Möglichkeiten für den Wanderurlaub. Zum einen kann man auf dem Weitwanderweg GR 221 von Berghütte zu Berghütte (Refugi genannt) gehen. Das dauert bis zu acht Tagen und ist nur etwas für Hartgesottene, weil die gesamte Ausrüstung mitgeschleppt werden muss und man eine Vorliebe für Schlafsäle mit 30 Mitschnarchern haben sollte. Zum anderen bieten sich einfache Tageswanderungen an. Ich zog diese Alternative vor und nahm Quartier in Sóller.

Von dort ging es am ersten Tag mit dem Taxi Richtung

Cuber-Stausee los. Die Sache mit dem Taxifahren gehört zu einem Hauptproblem beim Wandern auf Mallorca. Klar, man kann sich einen Mietwagen nehmen, aber der ist nicht billig, steht den ganzen Tag auf einem Parkplatz herum und wartet darauf, dass der Wanderer wieder zurückfindet. Ich habe Wanderer getroffen, die nach der Tour erst mit dem Schiff, dann mit dem Bus und später mit dem Taxi zu ihrem Mietwagen zurückgefahren sind. Hm, klang nicht so clever. Andere mussten die gerade gewanderte Strecke wieder zurücklaufen, wenn sie zu ihrem Mietwagen gelangen wollten. Klang langweilig. Aus diesen Gründen sollte man sich das Geld für den Mietwagen sparen und eher in die pünktlichen, zuverlässigen und äußerst rasanten mallorquinischen Taxifahrer investieren. Mein Taxifahrer weigerte sich allerdings zunächst, nach Cuber zu fahren. Man habe ihm gesagt, die Fahrt solle nach Andratx, gesprochen Andratsch, gehen. Ich klärte ihn darüber auf, dass das (so ungefähr jedenfalls) mein Nachname sei und anscheinend eine Verwechslung vorliegen würde. Das fand der schnauzbärtige Taxifahrer äußerst komisch. Wenn ich das richtig verstanden habe, erzählte er die Story von dem Deutschen, der so ähnlich wie Andratx heiße, aber nicht nach Andratx wolle, per Funk sämtlichen Taxikollegen der Insel.

Der Wanderweg am Stausee in 760 Meter Hohe startete ohne Vorankündigung absolut spektakulär. Ich ging auf einem schmalen Pfad über das Wasser. So muss sich Moses gefühlt haben, nachdem er das Rote Meer geteilt hatte. (Wie das aussieht, wenn Herr Andrack durch den Cuber-Stausee wandert, kann man auf dem Titelfoto dieses Buches gut erkennen.)

Ein mallorquinischer Löwe

Als ich den See hinter mir gelassen hatte, ging es durch ein Tal und dann leicht bergauf. Die Landschaft erinnerte mich an die schottischen Highlands. Auch die Schafe liefen immerzu blökend davon. Aber dann schreckte ich doch hoch: ein frei laufender Hochland-Löwe, nur wenige Meter entfernt. Das Fell schimmerte goldgelb, und träge schlug er mit seinem Schwanz umher. Beim Näherkommen atmete ich auf. Das Tier hatte mir den Kopf zugewendet und war eine Kuh. Wenig später gab es aber kein Vertun: Das waren wahrhaftige Raubtiere, die da über mir kreisten. Geier! Genauer gesagt: Mönchsgeier, die größten Raubvögel Europas mit einer Spannweite von über drei Metern und sechs Kilogramm schwer. Sie verspeisen täglich die Menge ihres Körpergewichts als Futter und nach so einer Sechs-Kilo-Speise hat sich natürlich das Gesamtgewicht so gravierend erhöht, dass der Landeversuch des vollgefressenen Mönchsgeiers dem Gehampel des Albatros in »Bernhard und Bianca« ähnelt. Woher ich das alles weiß? Nun, während ich so dastand und mich fragte, was für Vögel das zum Geier waren, näherte sich eine 15-köpfige Wandergruppe aus Deutschland. Ich schlich mich unauffällig in Hörweite und lauschte den Ausführungen des Wanderführers.

Wenig später erreichte ich den Coll de l'Ofre in 878 Meter Höhe und hatte einen fantastischen Rundblick auf den Stausee hinter mir, das Tal Barranc de Biniaraix vor mir und den Puig de l'Ofre über mir.

An dieser Stelle halte ich ein kleines mallorquinisches Wanderglossar für sinnvoll.

– Coll bedeutet Pass, kennt man von der Tour de France, Col de Telegraphe, Col de Madeleine usw.

– Barranc ist die Schlucht. Der Name entspricht wahrscheinlich lautmalerisch dem Geräusch, das der abgestürzte Wanderer macht, wenn er auf Gestein aufschlägt. BARRANC!!!

– Puig ist der Berggipfel.

– Cami heißt übersetzt (Wander-)Weg.

– Finca hieß früher mal Gehöft, ist aber nun eher mit »vollkommen überteuerter Luxusunterkunft« zu übersetzen.

Vom Coll de l'Ofre ging es nur noch bergab im Barranc de Biniaraix. Weit unter mir hörte ich einen Wasserfall. Bitte nicht enttäuscht sein, wenn Sie den Weg gehen und der Wasserfall ist verschwunden, denn den gibt es wohl wegen Trockenheit nicht das ganze Jahr. Die Schlucht wurde immer tiefer und ich befand mich auf einem ebenen Bergweg. Ich machte mir ein wenig Sorgen, ob ich noch auf dem rechten Pfad wandelte. Schließlich musste ich ja irgendwann wieder runter. Das ging dann ganz schnell, und zwar in engen Kurven den Berg hinab. Auf halber Strecke nach Sóller traf ich auf zwei Bauarbeiter, die mit Ausbesserungsarbeiten beschäftigt waren. Sie waren hierhergelaufen, aber hatten alles dabei: Hammer, Pickel, Isomatte und Grillrost. Beide richteten eine Steinmauer wieder her.

Trockensteinbau ist das große Landschaftsthema auf Mallorca. Die Hänge des Barranc waren übersät mit terrassenförmigen Steinmauern, die ein Abrutschen der Erde verhinderten und Weide- und Obstwirtschaft erst möglich machten. In kümmerlichem Spanisch versuchte ich eine Konversation mit den Pflasterern und erfuhr, dass die Steine des Weges aus dem großen Steinbruch im Canyon stammten. Doch warum hatten denn die Steine auf dem Weg eine andere Farbe als das umliegende Gebirge? Die Bauarbeiter erklärten, dass das Grau durch die Sonneneinstrahlung und den Schuhabrieb der Wanderer entstünde. Das glaubte ich ihnen sofort, dass hier Schuhabrieb ein Thema war, denn allein ist man auf Mallorca nicht. Hunderten von Wanderern begegnete ich, zumeist Deutschen, aber auch Engländern und Schweizern. Schon Enzensberger postulierte die Dialektik des Tourismus: »Der Tourist zerstört durch seine Anwesenheit die Einsamkeit, die er sucht.« Man kann sich schon vorstellen, wie die Mallorca-Wanderer zu Hause davon schwärmen, dass es doch ein ganz anderes Mallorca-Gefühl sei, auf der Balearen-Insel zu wandern, als einen Strandurlaub zu machen. Dabei ist es auch auf Mallorcas Wanderwegen Ballermann-voll.

Nach Dutzenden von engen Kurven talwärts erblickte ich eine sprudelnde Quelle in einer Mauer am Wegesrand. War das jetzt Trinkwasser oder nicht? Ein Zettel auf der Mauer forderte zum Trinken auf, ich blieb aber skeptisch. In einem Wasserbecken lag an einer dicken verrosteten Kette ein ebenfalls rostiger Trinkbecher, der dort wahrscheinlich in maurischer Zeit angebracht worden war. Ich verzichtete und griff lieber zur mitgebrachten Wasserflasche in meinem Rucksack.

Unten in Biniaraix, sprich Bin-ja-Reich, ging ich an einer schmalen Straße zurück nach Sóller. Den Weg säumten unzählige Orangen- und Zitronenbäume in Pflücknähe. Es bewahrheitet sich eben immer, wie gesund Wandern ist. Speziell auf Mallorca kann man nicht nur etwas gegen die Fettzellen machen, die Vegetation am Wegrand deckt auch noch den Vitamin-C-Bedarf für ein halbes Leben.

Am nächsten Morgen ging ich weiter auf dem GR 221 von Sóller Richtung Deià. Diese »Ge-Errs« kennt man ja auch aus Frankreich, zum Beispiel den berühmten GR 20 auf Korsika. »GR« ist natürlich nicht Comic-Sprache, wenn ein Protagonist sauer auf den anderen ist. GR steht in Frankreich für Grand Randonnée und in Spanien heißt es Gran Recorrido. Aber warum genau die Zahl 221? Kann es wirklich 220 andere Ge-Errs in Spanien geben? Glaube ich nicht. Auf Mallorca gibt es nur einen Weitwanderweg, eben den 221er. Deswegen, und weil es kaum eine Stelle ohne Richtungspfeile und Hinweisschilder gibt, garantiert Mallorca Unverlaufbarkeit. Und ist daher sogar für Kinder geeignet.

Auch auf dem Weg nach Deià waren es meistens Deutsche, die mir entgegenkamen, was diese aber nicht daran hinderte, hispanophil mit »Hola« zu grüßen. Wenn sie wenigstens »Ola« sagen würden, aber es hört sich meistens wie »Holla« an und es fehlt nur die Waldfee dahinter. Auf halbem Weg zum Bergdorf Deià kehrte ich in einer Finca ein. In Son Mico gibt es einen selbst gepressten Orangensaft, das mallorquinische Nationalgetränk, und sensationelle Apfel-Tarte. Dabei wurde ich akustisch von französischen Chansons umsäuselt – die Besitzerin und Orangen-Auspresserin ist Französin. Eigentlich zu schade, dass ich weiterwandern musste.

Kurz hinter San Mico fand ich auf einer Steinmauer einen Korb mit Zitronen. Zunächst las ich auf einem kleinen Zettel, eine Zitrone koste einen Euro. Ganz schön happig, dachte ich, in Deutschland gibt es das Netz mit drei Zitronen doch schon für 99 Cent. Aber nein, beim genaueren Hinsehen erkannte ich, dass ein ganzes Kilo nur einen Euro kosten sollte. Das war zwar ein sehr fairer Preis, war mir aber letztlich zu schwer, Vitamin-C-Versorgung hin oder her. Was soll man denn mit so vielen Zitronen auch anfangen? Um sie alle aufzubrauchen, hätte ich mir am Ende noch eine Gin-Tonic- oder Tequila-Vergiftung zugezogen.

Ich ging zitronenunbeschwert den Weg weiter und genoss die umwerfenden Blicke aufs Meer und die Bucht von Deià. Die Farben des Meers oszillierten karibisch zwischen Türkis und Azurblau.

Da ja immer davon die Rede ist, dass Mallorca das 17. Bundesland ist, könnte ich mir eigentlich gut vorstellen, dass das deutsche Wanderinstitut den GR 221 zertifiziert und als Malle-Steig auszeichnet. Doch als ich zwischen einer Felswand und spanischen Autofahrern vorbeimusste, die beim Vorbeifahren weder ihr Tempo drosselten noch auswichen, um über eine Landstraße zu gelangen, war dieser Plan gestorben. So wird das nichts. Für einen Premiumweg müsste für eine Alternative gesorgt werden. Allerdings könnte man vielleicht bei den 400 Metern Landstraße auch ein Auge zudrücken, denn schließlich gelangt man von dort zur Cala Deià, wo man schwimmen oder einfach nur die Füße abkühlen kann. Ich hatte weniger Glück: Zum einen lockte der April noch nicht mit Mittelmeer-Badefreuden, zum anderen sah die Bucht von Nahem wesentlich dreckiger aus, als aus luftigen Höhen betrachtet. Der Strandaufenthalt in der kleinen Bucht geriet daher eher kurz, und nach einer halben Stunde bergan war ich im Bergdorf Deià angekommen. Kleine Häuser schmiegten sich an einen Hügel und die Siedlung war von gewaltigen Bergen malerisch umgeben. Mit dem Bus ging es von dort zurück nach Sóller, allerdings aufgepasst: Der fährt nicht sehr oft.

Und jetzt das Fazit: Wandern auf Mallorca ist eine interessante Erfahrung. Die Küstenblicke, die wilden Schluchten, die Städte und Dörfer sind eine (Wander-) Reise wert. Auch der GR 221 ist durchaus empfehlenswert. Abseits

Sooo schlecht ist die Aussicht wirklich nicht

der viel bewanderten Hauptrouten wird es aber schnell grausam: gerölliger Bodenbelag, eintönige Wanderwege, kilometerlange Asphaltstraßen. Woher also die wachsende Begeisterung für Mallorca als Wanderdestination kommt, wundert mich ein wenig. Wenn ich schon viel Kerosin und Zeit verbrauche, um im Tramontana-Gebirge zu wandern, möchte ich mich eigentlich nicht über viele Unzulänglichkeiten beim Wandern ärgern müssen. Das können die wenigen Wanderglücksmomente nicht aufwiegen. Leider entfällt auch das Argument, dass es auf Mallorca eine größere Wander-Wetter-Sicherheit gibt. Während ich auf Mallorca bei apriligen 12 Grad und häufigen Regenschauern wanderte, schien über Deutschland mit 20 Grad die schönste Frühlingssonne. Da wünscht man sich in den Hunsrück oder den Schwarzwald.

Bewertung

Glücksfaktor	★★★
Vitamin-C-Faktor	★★★★★
Erlebnisfaktor	★★★★
Abenteuerfaktor	★★★
Sicherheitsfaktor	★★
Sportfaktor	★★★★
Abwechslungsfaktor	★★★
Mittelmeerblickfaktor	★★★★★

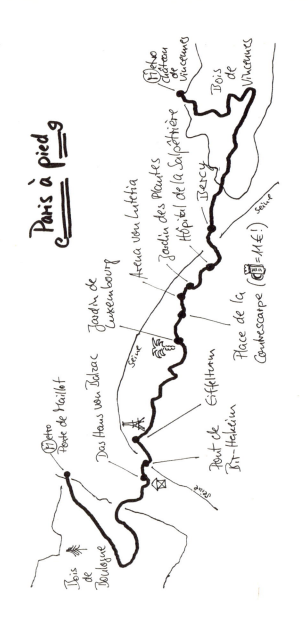

Wanderhauptstadt –
Eine Wanderung quer durch Paris
September 2010

10.32 Uhr. Paris, die Frisur sitzt. Ich bin gerade aus der
Metrostation Porte Maillot ausgestiegen. Und mache als
guter Tourist ein Erinnerungsfoto von den viel besungenen
»Ooooooh Schomps Deliseee« und dem Arc de Triomphe.
Doch ich begebe mich nicht auf Shoppingtour, ich steuere
den Bois de Boulogne an, den Startpunkt meiner Wanderung
durch Paris. Wandern durch Paris, das ist keine fixe Idee von
mir, in Paris gibt es einen ausgewiesenen Wanderweg, der
2011 sein 20-jähriges Jubiläum feiert. Vor einigen Jahren
habe ich Armand beim Wandern in der Schwäbischen Alb
kennengelernt. Armand ist Vizepräsident des französischen
Wanderverbands und spricht als Elsässer und ehemaliger
Deutschlehrer ein derart fließendes, akzentfreies Deutsch,
dass ich nicht meine kümmerlichen Französischkenntnisse
bemühen musste, um mit ihm zu kommunizieren.

Da Frankreich ein sehr zentralistisch organisiertes Land
ist, blicken auch beim Thema Wandern alle Augen auf die
grande Hauptstadt der Grande Nation. Armand drückte
mir also einen Wanderführer in die Hand: *Paris à pied*, Paris
zu Fuß. Ich bin schon um Saarbrücken und Köln gewandert, das waren jeweils Stadtumrundungswege. Viel Grün,
wenig Innenstadt, in Paris ist das anders. Es gibt eine Nord-
Süd- und eine Ost-West-Route. Beide Traversen führen
mitten durch die Metropole. Ich werde die Stadt vom Bois

de Boulogne im Westen bis zum Bois de Vincennes im Osten durchwandern.

Ich bin morgens um 8 Uhr in Saarbrücken in den ICE gestiegen, der zwei Stunden und 380 Kilometer später in Paris ist. Und nun stehe ich im Bois de Boulogne, dem Stadtwald von Paris. Der Bois de Boulogne wird kurz der Bois genannt. »Bois« heißt Wald, »bois« kann man aber auch in der ersten und zweiten Person Singular von trinken = *boire* ableiten: *je bois, tu bois,* oder einfach *bois!* = die Aufforderung zu trinken. Schon komisch, dass »Wald« und »Trink!« das gleiche Wort sind. Schatz, ich gehe im »Trink!« wandern, wie hört sich *das* denn an? Die spinnen, die Franzosen.

Im Bois bin ich – das war zu erwarten – der einzige Wanderer. Alle anderen sind Jogger und Hundebesitzer. Was ich nicht verstehen kann, denn die Wege im Bois sind wirklich schön. Geschwungen führen sie an kleinen Bächen vorbei, hier und da sehe ich Kaskaden, pittoreske kleine Brücken überqueren den Bach, *magnifique!*

Ich kreuze eine Straße, die durch den Bois führt, und sehe eine Dame am Straßenrand, die gerade ihr Haarband verloren hat. Weil sie hochhackige Lackstiefel trägt, kann sie sich schwer bücken, ich überlege, ihr zu helfen, man ist doch Kavalier und Gentleman. Ich traue mich aber doch nicht, denn mein Haarband-Aufheben könnte sie vielleicht als Interesse an ihren Diensten verstehen … Schon im 17. und 18. Jahrhundert war der Bois als »Ort heimlicher Liebschaften und diesbezüglicher kommerzieller Angebote bekannt«, wie der Reiseführer schreibt.

Es raschelt im Laub. Ein Vogel, ein Windhauch, ein Eichhörnchen? Nein, nur eine schmucklose Ratte quert meinen Weg. Igitt, mag nun mancher Leser denken, das ist ja eklig. Ist aber alles halb so schlimm, finde ich. Zum einen ist so ein kleines Nagetier recht großstadt-, um nicht zu sagen weltmetropolentypisch. In New York übersteigt die Zahl der Ratten schon lange die der menschlichen Bevölkerung. Und zweitens sind Ratten in Paris, wie wir aus dem Zeichentrickfilm »Ratatouille« wissen, große Köche und ich vermute, diese Ratte war auf dem Weg zur Arbeit in eins der Pariser Sternerestaurants.

Idylle mit Entenfamilie im Bois

Nach sechs Kilometern stehe ich am Ufer eines Sees, auf einer kleinen Insel sehe ich ein Restaurant, das nur mit einer kleinen Fähre zu erreichen ist. Sieht sehr einladend, aber auch geschlossen aus. Und für mich ist es noch viel zu früh, um an eine Einkehr zu denken. 11.42 Uhr, die Frisur sitzt erstaunlicherweise immer noch, ich trete aus dem Bois und stürze mich in das Straßengewühl von Paris. Dabei muss ich schnell feststellen, dass Zebrastreifen für französische Autofahrer eine andere, eher symbolische, oder sagen wir ästhetische Funktion haben. Man muss einfach schnell sein, dann erwischen sie einen auch nicht.

Einige Straßen weiter erhasche ich meinen ersten Blick auf den Eiffelturm, genau an der Stelle, an der das Haus von Balzac steht, in dem er von 1840 bis 1847 wohnte. Das Haus liegt an einem zur Seine abschüssigen Hang und hat zwei Hauseingänge zu beiden Straßenseiten. Und wenn beim notorisch verschuldeten Balzac die Gläubiger kamen, büchste der alte Vielschreiber zur Hintertür aus. Damals konnte er noch nicht über die Pont de Bir-Hakeim den Fluss überqueren, da die erst um 1905 fertiggestellt wurde. Als ich über diese Brücke gehe, habe ich ein Déjà-vu, ich bin eben in der französischen Hauptstadt, da ist ein Déjà-vu quasi im Preis inbegriffen. Dann fällt es mir ein, ich habe doch zuletzt Leonardo di Caprio im Traum-Thriller »Inception« auf der Pont de Bir-Hakeim gesehen. Auf dieser Brücke haben auch schon Nicolas Cage und Audrey Tautou (als Amélie, kennt doch jeder) gedreht. Ich bin begeistert, ich wandere nicht nur durch Paris, sondern auch durch die neuere Filmgeschichte.

An der Seine treffe ich immer mehr Leute. Klar, die wollen alle zu diesem überdimensionalen, etwas überschätzten Pariser Aussichtsturm. Meine persönliche Meinung zur Besteigung von Aussichtstürmen habe ich oft geäußert. Meis-

Die Pont de Bir-Hakeim – eine Topfilmkulisse

tens sind die Türme hässlich, der Mehrwert des Ausblicks ist bescheiden, und der Aufstieg torpediert die Wanderdurchschnittsgeschwindigkeit. Also werde ich mich auch heute nicht in die Schlange einreihen, um einen der überteuerten Aufzüge auf den Eiffelturm zu nutzen. Interessant finde ich, dass es vor Erbauung des Eiffelturms starke Proteste aus der Bevölkerung gegen dieses Bauwerk gab, Prominente wie der Schriftsteller Guy de Maupassant waren entsetzt über das Projekt des Ingenieurs Gustave Eiffel. Paris 18 statt Stuttgart 21.

Aber: Ich esse etwas unter dem Turm. Ein Gebäckstück, das wie ein Berliner aussieht, aber mit Apfelmus gefüllt ist, ausgesprochen gut schmeckt und mit zwei Euro erstaunlich erschwinglich ist. Auch die Pommes frites (French Fries,

Links nach oben geht's zum Eiffelturm

oder wie es in french heißt: Barquette de frites) sind lecker und kosten nur 3,50 Euro. Den Ketchup gibt es sogar kostenlos obendrein.

Großstadtwandern unterscheidet sich im Wesentlichen vom Naturwandern durch die Schrittgeschwindigkeit – mal abgesehen von der Natur. Im Wald schreitet man gleichmäßig dahin. In der Großstadt muss man ständig das Tempo anpassen. Manchmal laufe ich fast. Denn die Avenues, die ich überquere, sind oft vielspurig und ein Schild weist alle Fußgänger darauf hin, dass man zwei Ampelphasen brauche, um diese Prachtstraßen zu überqueren. Kinderkram, ich versuche natürlich die Straße in einem Rutsch zu schaffen. Zum anderen habe ich oft sehr langsame, zumeist amerikanische Touristen vor mir und muss meinen Wanderschritt auf Schlendertempo drosseln.

Am Schaufenster eines Maklers bleibe ich stehen und informiere mich über die Pariser Immobilienpreise. Eine schlichte, eher heruntergekommene Dreizimmer-Hochhauswohnung mit 69 m² und Eiffelturmblick wird für 647 000 Euro angeboten. Schluck! Wenn man es etwas gediegener haben möchte, muss man für vier Zimmer im Altbau auf 111 m² schlanke 1 290 000 Euro hinlegen. Wie können Franzosen diese Summen bezahlen, wenn sie doch dauernd streiken?

12.52 Uhr, es ist Mittagszeit und ich sehe im Vorbeiwandern unzähligen Franzosen beim Essen zu. Sie sitzen an viel zu kleinen Tischen, was sehr französisch und furchtbar unbequem aussieht. Umgekehrt proportional zu der Größe der Tische sind die Ausmaße der erstaunlich großen und erstaunlich rohen Fleischstücke, die die in Büros arbeitende Bevölkerung verschlingt. Dieses mittägliche Gut-und-teuer-essen-Gehen habe ich in Saarbrücken, meiner

Wahlheimat, schätzen gelernt. Dort ist es eine Selbstverständlichkeit, einen Geschäftstermin auf die Mittagszeit zu legen und dann bei gutem Essen und einem Glas Wein lange und ausgiebig zu reden.

13.26 Uhr. Die Schule scheint vorbei zu sein, denn ich muss mich durch Massen von Schülern fortbewegen. Nur einige Kunstschüler müssen noch beim Zeichenunterricht im Jardin de Luxembourg nachsitzen. Sie haben sich vor einer Statue aufgereiht und bearbeiten ihre Skizzenblöcke. Der Jardin de Luxembourg ist eine der unzähligen Parkanlagen, durch die die Traverse Nummer eins den Paris-Wanderer führt. Obwohl man also durch eine Metropole marschiert, sieht man doch immer wieder sehr viel Grün. Überraschend stoße ich im Jardin de Luxembourg auf die Freiheitsstatue, die ganz bescheiden und klein (zwei Meter hoch) die Fackel emporstreckt. Das ist gewissermaßen die Ur-Freiheitsstatue, geschaffen von französischen Bildhauern. Die haben erst einmal das kleine Ding in den Jardin gestellt, und dann dachten sie: Oh là, là, die Kleine sieht ja ganz putzig aus, die drehen wir jetzt den Amis für viel Geld im großen Format an.

Mein Wanderweg schlängelt sich durch die Parkanlage. Der Garten Luxemburgs ist ohne Zweifel die schönste Grünanlage in Paris: ein zauberhafter Teich, Tennisspieler, Schachspieler, das sehr gelbe Palais de Luxembourg, ein riesiger Kinderspielplatz (der Eintritt kostet nur 2,50 Euro), Palmen. Und erst diese Parkstühle, großartig. Zu Tausenden laden sie zum Verweilen ein, bequem, mit Lehne – und nicht angekettet. Unvergleichliche Pariswanderungserholung.

Superbequeme Parkstühle

Ich flaniere weiter durch die Straßen. Der Wanderweg schleicht sich auf kleinen Straßen voran, meidet die großen Avenues, das etwas zu pompös geratene Panthéon passiere ich auf einer Nebenstraße, die Karte immer in der Hand. Das geht gar nicht anders, sonst hat man sich sofort verirrt. Man soll aber nicht denken, man würde auf der Traverse Nummer eins, wie es in alternativen Stadt- und Reiseführern so schön heißt, »fernab der Touristenströme« gehen, davon kann keine Rede sein. Wahrscheinlich wandert zwar keiner außer mir die gesamte Tour ab, aber irgendwie sehe ich nur Amerikaner, wenige Deutsche, Iren, Engländer, einige Skandinavier.

14.03 Uhr. Ich erreiche die Place de la Contrescarpe, ein malerischer, idyllischer, arkadischer Platz mitten in der Stadt. Ich bin bisher 16 Kilometer gewandert, über die Hälfte habe ich geschafft, Zeit also für eine kleine Pause. Ich bestelle ein großes Bier. Ich genieße Schluck für Schluck, denn ich trinke im wahrsten Sinne des Wortes flüssiges Gold. Der halbe Liter kostet 11 Euro. 11 Euro, das muss man erst einmal sacken lassen. Hatte sich irgendwer über die knapp neun Euro für einen Liter Bier auf dem Oktoberfest beschwert? Oder über die Preise für einen Espresso auf dem Markusplatz? Teuer trinken, das geht am besten in Paris. Ob das schon die Vorboten einer Art französischer Prohibition sind, weiß ich nicht. Absurd teuer ist es auf jeden Fall.

Das Bistro mit dem Elf-Euro-Bier

Auf ein zweites Bier verzichte ich und marschiere weiter. Ich wandere über eine belebte Allerweltsstraße. Auf meiner

Karte im Wanderführer sehe ich, dass ich scharf rechts ab-
biegen soll. Ich sehe aber keine Straße und keine Gasse,
gehe schüchtern durch eine Toreinfahrt – man will ja nicht
stören. Wenige Schritte weiter stehe ich im Zentrum einer
Arena, so müssen sich die Gladiatoren gefühlt haben. Ich
zeitreise ins erste Jahrhundert nach Christus, die römische
Garnisonsstadt heißt Lutetia, nicht Paris. Und wie es sich
für eine vernünftige römische Stadt gehört, konnten die
Bewohner nicht nur Brot, sondern auch Spiele genießen.
Im dritten Jahrhundert kamen die Barbaren nach Lutetia,
und die Arena verfiel. Ich kann leider nicht in Erfahrung
bringen, welche Barbaren genau das alte Lutetia stürmten.
Auf jeden Fall waren es Nicht-Römer. Aber doch nicht
gallische Barbaren? Hat etwa Majestix mit seinen Mannen
die Arena plattgemacht und die Römer aus ihren Sandalen
gehauen? Möglich ist das.

Direkt nach der Arena von Lutetia erreiche ich den Jardin
des Plantes, den Pflanzengarten. Dort kann man eine Leistungsschau beeindruckender botanischer Fähigkeiten der
Grande Nation bewundern. Deutsche Stadtväter gelten ja
als hoffnungslose Spießer, wenn sie in Parkanlagen Schilder
aufstellen, die »Rasen betreten verboten!« schreien. Da muss
man aber mal gehört haben, wie der Sicherheitsdienst des
Jardin des Plantes durch die Pfeife trötet, wenn man mit der
Fußspitze wagt, ein Rasenstück zu berühren: Tinnitus und
Herzinfarkt garantiert.

Im Jardin des Plantes zeigt sich zum wiederholten Mal, dass
das Kartenmaterial des *Paris-à-pied*-Führers hervorragend
ist. Man kann im Maßstab 1:10.000 die Route bestens ver-
folgen. Bei kniffligen Passagen gibt es noch detailliertere

Karten: zum Beispiel in den Jardins oder auch kurz danach, beim Gang durch das Krankenhaus.

Die Traverse durchquert nämlich das Hôpital de la Salpêtrière und seine einzelnen Krankenhausgebäude. Dort kann man erste Blasen behandeln lassen, wenn nötig. Zunächst führt mich der Weg quer durch die Krankenhauskirche. Jeden Tag um 15 Uhr ist Messe. Es ist sieben Minuten vor drei am Nachmittag. Soll ich bleiben, beten, beichten? Oder doch eher nicht? Ich gehe lieber weiter, denn in Frankreich gibt es keine Kirchensteuer und bei der Kollekte wird erwartet, dass man ordentlich etwas spendet, damit sich der Priester ab und an ein großes Bier in einem Bistro leisten kann.

Kurze Zeit später überquere ich Richtung Bercy wieder die Seine, ich bin schon über 20 Kilometer gegangen, spüre meine Beine deutlich. Trotzdem empfinde ich den Wandertag in Paris als außerordentlich stressfrei. Kein Sightseeing-Zwang, kein Shopping, kein Einkehrstress. Nur gehen und schauen.

Bercy scheint eine futuristisch konstruierte, kalte Vorstadt zu sein. In der Mehrzweckhalle Palais Omnisport spielt heute Abend Sting. Wenn der loslegt, bin ich schon wieder daheim im Saarland. Die Halle sieht so aus, als hätte man ein Fußballstadion auf links gedreht. An den Seitenflächen überall Rasen.

Einen Kilometer weiter wird es dann nur noch hässlich. Ich unterquere eine schier endlose Gleisanlage. Unter den Brücken schlafen Obdachlose. Der verniedlichende Ausdruck »Clochards« täuscht eine Romantik vor, die es weder gab noch gibt. Bercy ist multikulti, mehr so wie Berlin-Kreuzberg und Köln-Ehrenfeld.

15.51 Uhr. Ich erreiche meinen »Ziel-Wald«, den Bois de Vincennes. Ich umrunde einen künstlichen See. Am Ufer sitzen zwei Männer auf Klappstühlen und lassen ihre ferngesteuerten Motorboote über das Wasser juckeln. Das sieht nicht nach großem Spaß aus. Aber was soll ein Franzose auch den lieben langen Tag machen, wenn man schon mit 60 Jahren in Rente geschickt wird? Ein schmaler Pfad führt mich im Bois de Vincennes zu Obdachlosen, die im Wald campieren, ordentlich ihre Wäsche aufgehängt haben und manierlich mit einem lauten »Bonjour« grüßen.

Ich bin begeistert, dass es im Bois de Vincennes einen »Parcours sportif« gibt, sozusagen einen »Pfad de Trimm dich«. Während an deutschen Trimm-dich-Pfaden alle vor 35 Jahren aufgestellten Geräte mittlerweile abmontiert sind oder vor sich hin gammeln, sind die Klettergeräte auf dem Fitness-Parcours im Bois de Vincennes neu und gut in Schuss. Ich hänge mich an ein Hangelgerüst und lasse meine Knochen entspannen, bis die Hände schmerzen. Ich wandere weiter, sehe einen Posaunisten, der mit nackten Füßen im Wald übt.

Als ich nach sechs Kilometern kreuz und quer durch den Bois de Vincennes aus dem Wald trete, stehe ich überraschenderweise vor dem Ortsschild von Vincennes. Vincennes hat ein eigenes Ortsschild! Ich bin aus Paris ausgewandert, *c'est magnifique!* Darauf trinke ich in einem Bistro im Zentrum von Vincennes eine Art französisches Weizenbier mit drei Scheiben Zitronen und bestelle eine Schale Erdnüsse dazu: Das alles ist ein echtes Vorort-Schnäppchen: 8,50 Euro. Geschenkt! Vom Bistro aus habe ich einen sehr guten Blick auf das Château de Vincennes. Mir wird klar, dass »Château« nicht nur »Schloss«, sondern auch »Burg« heißt. Das Ding ist nämlich aus dem 17. Jahrhundert und sieht irgendwie sehr unfranzösisch aus, trutzig, klobig, irgendwie angelsächsisch. So weit bin ich gelaufen, vom filigranen Eiffelturm zu diesem Stein-Trumm in Vincennes. Ich bin quer durch Paris gewandert, habe zwei Stadtwälder genossen, bin unter dem Eiffelturm hindurch gegangen, habe zwei Mal die Seine überquert, habe viele Pariser in ihrem Alltag und viele Touristen gesehen. Zeit in Museen, auf Prachtstraßen und in Edel-Boutiquen habe ich mir gespart und so Paris ganz neu erlebt. Für viele ist Paris die Seine-Metropole, die französischste Stadt überhaupt, die Stadt der Liebe. Für mich ist Paris seit meiner Tour im Herbst 2010 auch die Wanderstadt Nummer eins. Ein einzigartiges Erlebnis, *très formidable!*

Bewertung

Glücksfaktor	★★★★★
Metropolenfaktor	★★★★★
Einkehrbierfaktor	★
Erlebnisfaktor	★★★★
Abenteuerfaktor	★★
Sportfaktor	★★★★ ★
Abwechslungsfaktor	★★★★

Das trutzige Château de Vincennes

Noch ein paar Infos

Start der Wanderung um 10.32, um 17.25 bin ich im Bistro von Vincennes angekommen.

Gesamtstrecke. 32,6 km

Wanderdurchschnittsgeschwindigkeit (WDG): 4,8 km/h

272 Höhenmeter (immerhin), ich habe keine Ahnung, wo ich die eingesammelt habe, ich war doch nicht auf diesem Aussichtsturm.

Die eigentliche Traverse Nummer eins ist nur 20 Kilometer lang, der Bois de Boulogne und der Bois de Vincennes sind dabei ausgespart.

Die Wanderung ist großartig für eine Ein-Tages-Tour, dann entfallen auch die Übernachtungskosten. Von vielen deutschen Städten werden Ein-Tages-Busreisen nach Paris angeboten.

Auch mit der Bahn geht das, wenn der Franzose nicht streikt. Von Saarbrücken: Abfahrt 8.00, Ankunft 21.00. Von Köln 6.44 Abfahrt, Ankunft 21.15. Von Stuttgart (wenn der Schwabe nicht protestiert) Abfahrt 6.54, Ankunft 23.09.

Den Wanderführer *Paris à pied* kann man im Internet auf der Seite www.ffrandonnee.fr bestellen. Über das Untermenü »Boutique« gelangt man zum »Catalogue des Top-Guides« und kann sich den Pariser Wanderführer bestellen, den man unbedingt braucht, um die Tour zu gehen. Manchmal findet man an Häuserecken und Verkehrsschildern eine rotgelbe Markierung, man kann sich aber nicht darauf verlassen.

Warum Wandern glücklich macht –
ein kurzer Ausflug in die Wanderpsychologie

Wandern ist eine Spielart der Fortbewegung. Der Grund für jede Art von Fortbewegung ist naturgemäß durchaus unterschiedlich. Wenn ich mich in ein Auto, Flugzeug oder die Bahn setze, möchte ich so schnell wie möglich von A nach B kommen. Das nennt man Transport. Darum geht es beim Wandern schon seit ungefähr 200 Jahren nicht mehr. Auch sollte man nicht an den Zweck denken, wie dies Jogger, Schwimmer oder Skifahrer tun. Bei diesen Tätigkeiten geht es zumeist um die körperliche Ertüchtigung, Fitness, Gewichtsreduzierung oder ähnliche Geschichten. Für die Gesundheit macht der Wanderer auch einiges, aber das ist nicht der Grund, warum wir losgehen. Nur 21 Prozent aller Wanderer messen dem sportlichen Faktor eine größere Bedeutung zu.

Wanderer gehen los, um Natur zu erleben, um ihre Seele zu streicheln. Wie Herr Rossi suchen sie das Glück. Und das Beste: Sie finden es auch. Nach einer Wanderung fühlen sie sich körperlich um fünf Prozentpunkte wohler als vor der Tour. Aber den entscheidenden Einfluss hat das Wandern vor allem auf das »geistige Wohlbefinden«, das zeigt die Studie »Zukunftsmarkt Wandern« vom Wanderverband und Bundeswirtschaftsministerium. Was auch immer »geistiges Wohlbefinden« heißt, und wie auch immer das jeder für sich definiert. Auf jeden Fall erleben sich 17 Prozent vor der Wanderung im Zustand »geistigen

Wohlbefindens«, nach einer Wanderung sind es 35 Prozent. Wandern sorgt für eine individuelle Verdopplung des »geistigen Wohlbefindens«. Und schließlich geben 82,7 Prozent aller Wanderer an, nach einer Wanderung glücklich zu sein. Wandern macht glücklich. Wissenschaftlich erwiesen.

Das ist alles sehr schön und hat jeder auch schon mal am eigenen Leib erfahren. Die spannende Frage ist jedoch: **Warum** sind wir nach einer Wanderung glücklich? Wo in der Natur ist das Glückserleben versteckt? Was sind die Glücksfaktoren und was macht uns vielleicht auch mal unglücklich beim Wandern?

Bei der Beantwortung dieser Fragen kommen amerikanische Naturpsychologen ins Spiel, aber auch unser alter Bekannter Dr. Brämer, der Wanderwissenschaftler und Wegeplaner. Brämer hat sich die Natur als Forschungsgegenstand vorgenommen. Die Fragestellung ist bei ihm: »Wie erlebe ich Natur als Subjekt?« Um die Natur als Objekt kümmern sich eine Heerschar von Naturwissenschaftlern in der Physik, der Chemie und der Biologie. Objektive Naturvorgänge sind im 21. Jahrhundert weitestgehend erforscht und quantifizierbar. Anders sieht es mit der Natursoziologie und der Naturpsychologie aus. Die Frage, was Natur mit dem Menschen macht, der sich in der Natur bewegt und die Natur in seiner Freizeit genießt, diese Frage ist relativ neu.

Aber wie kommt man eigentlich im Forschungszweig der Naturpsychologie an Ergebnisse? Wie wird entschieden, ob ich eine Landschaft als schön oder doof empfinde, wie stellt man fest, ob mir der Wasserfall gefällt und wie bekomme ich heraus, ob mich ein Ausblick glücklich macht oder nicht?

Amerikanische Forscher arbeiten mit Diaserien, die sie Probanden vorlegen. Genau das werde ich jetzt auch machen, und Sie können dann direkt entscheiden, ob Sie etwas schön oder nicht so schön finden. Die zweidimensionalen Schwarz-weiß-Abbildungen können bei Weitem nicht die vergleichbaren Blicke und Erlebnisse in der Natur ersetzen, weshalb davon auszugehen ist, dass diese Bilder keine Glücksgefühle in Ihnen auslösen. Die Forschungen über landschaftliche Schönheit legen nahe, dass man über Schönheit nicht streiten kann, dass es nicht nur eine Geschmacksfrage ist: »Zumindest in Hinblick auf natürliche oder naturnahe Formen gibt es einen gewissen ästhetischen Konsens.« Interessanterweise in allen Kulturen und in allen sozialen Milieus. Das Glücksgefühl beim Naturerlebnis ist universell und global.

Los geht's mit den Feinheiten des Wanderglücks.

1. Wasser macht immer glücklich

Der totale Glücklichmacher in jedem Kulturkreis ist Wasser. Jeder Mensch, ob Japaner, Italiener oder Chilene, liebt es, wenn es rauscht, plätschert und wogt. Egal, ob wir einen Bach, Teiche, Wasserfälle, geschwungene Flussläufe oder das Meer sehen: Immer springt die Glückshormonmaschine an.

Als »Inkarnation des landschaftlich Schönen«, wie Brämer schreibt, gilt ein See, in dem sich die Bäume am Ufer spiegeln. Warum das wohl so ist? Darüber gibt es ausschließlich Vermutungen. Mit Wasser verbinden wir Urgewalt. Oder liegt es daran, dass wir alle aus einer Ursuppe kommen? Vom Dichter bis zum Kneipp-Therapeuten, alle sind sich über die vielen Qualitäten von Wasser einig. Dieser kindliche Spaß am kühlen Nass ist anscheinend naturgegeben. Warum? Nun, man muss nun wirklich nicht alles wissen, geben wir uns einfach der Freude hin und genießen beim Wandern vor allem die Momente, wo wir an einem Bachlauf entlanggehen, sich plötzlich der Ausblick auf ein Flusstal auftut oder wir staunend unter einem Wasserfall stehen.

Testen Sie es selbst: Welches Bild macht Sie glücklicher?

Doof: kein Wasser in Sicht

Prima: Weg mit viel Wasser

2. Abwechslungsreich macht glücklich

Ein weiterer Glücklichmacher ist die Abwechslung. Abwechslung ist für alle Lebensbereiche wichtig. Eintönige Jobs, Beziehungen und Freizeitgestaltung werden auf Dauer als schmerzhaft einengend empfunden. Der Mensch braucht das Geheimnisvolle. Wanderwege werden als besonders schön empfunden, wenn sie in geheimnisvollen Windungen »im Horizont verschwinden«. Als Kind wollte ich immer »spannende« Wege gehen, schmale Pfade, die sich irgendwo im Wald verlieren. Die Chinesen nennen das: 切音字运动, übersetzt: »Man soll nie das Ende eines Weges sehen.« Daran orientiert sich ihre Kunst des Gartenbaus. Aber zum Wanderabwechslungsreichtum gehören nicht nur ein interessanter Weg, sondern auch abwechslungsreiche Landschaftsbilder. Wir finden auch ein Museum mit vielen Kunstwerken interessanter als eines, in dem nur ein einziges Bild hängt. Und so sind Glücksgefühle garantiert, wenn sich nach einer Wegstrecke im Wald die Landschaft öffnet und den Blick freigibt auf ein Flusstal oder eine Burg, wenn nach einer Wanderpassage über Felder ein bewaldeter Anstieg auf einen Berg mit anschließendem Fernblick wartet. Das macht dann Spaß. Was den Abwechslungsreichtum angeht, den schnellen Wechsel von Wiesen, Wäldern, Bergen und Tälern, gehören »die deutschen Mittelgebirge OBJEKTIV zu den schönsten Landschaften der Welt. Die Mittelgebirge verfügen genau über jenen Perspektivwechsel, den die englische Landschaftsarchitektur vorschreibt«, sagt Wanderguru Dr. Brämer.

Nun wieder der Test. Welche Wegeführung gefällt Ihnen besser:

Doof: öde Wanderautobahn

Prima: schmaler Pfad

3. Was uns unglücklich macht

So ist es im Leben und in der Wissenschaft. Man kann Dinge nicht nur positiv definieren, sondern auch negativ. Ich kann beschreiben, was mich beim Wandern glücklich macht, aber auch, was nervt. Der Wanderer mag keine Bundesstraßen und Autobahnbrücken, keine Kohle- und Kernkraftwerke und auch keine Windkraftwerke, auch Windräder genannt, sehen. Schutthalden und Wohngebiete sind pfui, Steinbrüche und Maschendrahtzäune stören. Und Strommasten gehen gar nicht. Alle Wander-No-Gos haben auf den ersten Blick eines gemeinsam: Sie sind von Menschenhand geschaffen, verkörpern Technik, Fortschritt, Nicht-Natur.

Nicht so schön: zehn Silos am Tor 10

An dieser Stelle würde ich gerne näher auf den Naturbegriff eingehen. Denn, um ehrlich zu sein, in Deutschland gibt es keine Natur. Am Amazonas, in den kanadischen Wäldern, in sibirischen Steppen, okay, da kann man noch von urwüchsiger Natur reden. Aber in Deutschland greift der Mensch seit Jahrhunderten massiv in Naturvorgänge ein. Begradigt Flüsse und Bäche, fällt und pflanzt Bäume, pflegt Weideflächen, baut auf Feldern Getreide und Gemüse oder legt Weinkulturen an, und das schon seit einigen hundert Jahren. Alles, was wir Natur nennen, ist bis zu einem gewissen Grad hochkünstlich. Nur weil es grün ist, hat es mit Natur im reinsten Wortsinne noch gar nichts zu tun. Es gibt sogar Extremisten, die aufgrund der fehlenden Natur schon fragen, warum man denn dann einen sogenannten »Natur«-Schutz brauche? Was genau soll man schützen, wenn es nicht existiert? Soll man »heimische« Pflanzenarten protektieren und asiatische Orchideenarten, die den Weg auf Containerschiffen zu uns gefunden haben, herausrupfen?

Woher kommt aber unsere Sehnsucht nach dem nur vorgeblich Natürlichen? Aus dem 19. Jahrhundert, sagen viele. Damals haben Maler und Dichter uns ein romantisches Bild von Wald und Feld präsentiert, das sich in unser Unterbewusstsein als Momentaufnahme einer gerade noch vorindustriellen ländlichen Idylle eingeprägt hat. Diese Idylle gab es auch schon im 19. Jahrhundert nicht mehr, vielleicht sogar weniger als am Anfang des 21. Jahrhunderts.

Trotzdem erleben die meisten Menschen Zäune, Straßen und Kraftwerke als unnatürlich. Denn: Natur ist grün, Natur sind Bäume, Natur sind Felder. Und Natur ist rund, weich, fließend. Denn, so sagen die Naturpsychologen, wir alle bevorzugen weiche, geschwungene Linien, während harte, gerade Kanten uns Unbehagen bereiten. Der Weg, bei dem man das Ende nicht sehen kann, ist kein schnurgerader, sondern auch ein gewundener. Nicht der schnellste Weg von A nach B ist gefragt, sondern der mit den schönsten Kurven. Weiche Linien? Keine Kanten? Da war doch was, oder? Ach ja, diese Anthroposophen um Rudolf Steiner haben doch auch keine viereckigen Fenster gebaut und die Buchstaben so komisch rund geschrieben. Und Waldorfschüler tanzen doch auch am liebsten eurythmisch und schreiben in runde Schulhefte. Also ist jeder Wanderer ein heimlicher Anthroposoph? Riskante These. Fragt sich nur noch, warum wir alle die Eiform eines Atommeilers nicht umwerfend schön finden.

Nicht so schön: Aussicht auf Brücke

Nicht so schön: Kraftwerk voraus

4. Das Wetter macht glücklich oder auch nicht

»Es gibt kein schlechtes Wetter, nur schlechte Wander-kleidung.« Das ist mit Sicherheit der dümmste Wander-spruch überhaupt. Jeder Wanderer weiß, dass stundenlange Wolkenbrüche nicht glücklich machen. Klar, kein Text über einen Sechs- Wochen-Trail nach Compostela, kein Alpen-überquerungsbericht kommt ohne den Hinweis aus, dass man an bestimmten Tagen keinen trockenen Fetzen am Leib gehabt hätte. Geschenkt. Aber wem genau hat das Spaß gemacht? Natürlich keinem. Ein Schauer ab und zu ist ja noch zu verkraften, aber Dauerregen macht definitiv unglücklich.

Die Naturpsychologen sagen aber auch nicht, dass im Gegensatz dazu ein strahlend blauer Himmel das Wohl-befinden auf ungeahnte Höhen treibt. Der wolkenlose Himmel, der bekommt höchstens eine Zwei minus. Nein, richtig glücklich macht uns ein wolkiger Himmel, dann hat man eine herrliche Aussicht, verstärken Wolken das Raum-gefühl, wohingegen die Endlosigkeit eines blauen Himmels den Wanderer eher verloren in den Weiten des Landschafts-raums zurücklässt. *Lost in nature,* das muss ja nicht sein.

Überhaupt fühlen wir uns in abgegrenzten Räumen sehr wohl. Das nennt man Raumeffekt. Deswegen wandern viele, und ich nehme mich da auch nicht aus, sehr gerne in Tälern. Da ist der Raum so was von abgegrenzt, um nicht zu sagen begrenzt. In tief eingeschnittenen Schluchten ist es dann auch schon wieder wurscht, wie der Himmel aus-schaut, viel kriegt man von dem eh nicht mit.

Raumeffekt, schön durch Staffelung

Raumeffekt, schön durch Wölkchen

5. Unnatürlich macht glücklich

Wanderer sind sich eigentlich darin einig, dass sie Bäume und Wälder ganz super finden. Um mit einem weitverbreiteten Missverständnis aufzuräumen: So viele Wälder wie im Jahre 2010 gab es seit ungefähr 3000 Jahren in unseren Breiten nicht mehr. Seit der Mensch entdeckt hat, dass Holz ein prima Energieträger ist und tolles Baumaterial hergibt, war es um die Wälder geschehen. Das Wort »Nachhaltigkeit« wurde relativ spät erfunden. In Deutschland waren die eigentlichen Erfinder des Waldes die Preußen. Und damit der Wald wuchs, erfanden die Preußen auch noch den Beruf des Försters. Sie hatten verstanden, dass man erst einmal ein paar Bäume über Jahrzehnte anpflanzen sollte, um sie dann für die Holzwirtschaft nutzen zu können. Das Ergebnis sind die ausgedehnten Fichtenwälder, die auch heute noch die Mittelgebirgsregionen bestimmen. Erst seit wenigen Jahren verfährt man anders. Nicht jeder Quadratmeter Natur wird nun mit Bäumen vollgestellt. Es wird sogar »entfichtet«, so nennt man das, zum Beispiel in Tallagen. Weg mit den Bäumen, und dafür wieder eine satte Wiese für das Vieh am Flusslauf. »Weniger ist mehr«, ist das Motto moderner Forstwirtschaft und auch das Credo des Wanderers. »Offenbar gilt nicht die wilde, sondern die gezähmte Natur als schön«, sagt auch Rainer Brämer. Man hat es gerne aufgeräumt, nicht nur in den heimischen vier Wänden, sondern auch im Wald. Wenn da zu viel herumliegt, nervt das den Wanderer. Er liebt zum Beispiel Aussichten auf vereinzelte Bäume, auf Streuobstwiesen, auf mäandernde Bäche. Nichts davon ist »natürlich« in dem Sinn, dass es ursprünglich ist, sondern es handelt sich um Produkte landschaftlichen Handelns. Es ist schon merkwürdig: Der Wanderer sucht und liebt die Natur, aber was er wirklich schätzt, ist die von Menschenhand strukturierte Landschaft.

6. Farbe macht glücklich, wenn es denn die richtige ist

Nicht nur die Form der Landschaft oder der Weg sind entscheidend für unser Glücksempfinden, sondern auch die Farben, die uns umgeben. Auf Platz eins der Farbskala steht Grün, das in der »Natur« überwiegt. Farbpsychologen sind sich einig, dass Grün einen beruhigenden Effekt auf Auge und Mensch hat. Deshalb spielen Billardspieler auch auf grünem Filz, bei anderer Farbgebung würden die sich die Queues wahrscheinlich um die Ohren hauen. Und man stelle sich nur vor, zigtausende Fußballfans müssten auf einen roten oder pinken Rasen schauen, wie unglaublich aggressiv die würden! Die Naturpsychologen sagen, dass das mit dem Grün auch schon in sehr kleinem Maßstab funktioniert. Menschen, die im Grünen wohnen oder in der Nähe städtischer Parks, haben nicht nur mehr Geld als jene, die nicht im Grünen wohnen, sie sind auch glücklicher. Alles wissenschaftlich erwiesen. Das Wohnen im grünen Umfeld ist in hohem Maß stressentlastend, man bleibt gesünder, kann persönliche Probleme besser lösen, hat bessere Kontakte zu den Nachbarn, begegnet den Familienmitgliedern seltener mit Aggressionen und wird seltener kriminell. Das bringt einen sofort auf die verführerische Idee, Grün generell hoch zu subventionieren, denn man könnte eine Menge Kohle für Gefängnisse, Psychiater und Scheidungsrichter sparen. Selbst der »grüne« Blick aus dem Zimmer hilft: Kranke werden schneller gesund, Kunden halten sich länger in verglasten Einkaufszentren im Grünen auf, Angestellte mit Blick ins Grüne arbeiten aufmerksamer, effektiver und sind seltener frustriert. Grün ist also eine Glücksfarbe, keine Frage. Bleibt einzig ungeklärt, ob Wandern im Schnee depressiv macht (erinnert schließlich so an Klinik und Nervenheilanstalt). Die herbstlichen Gelb- und Brauntöne lassen wir jetzt einfach mal unter den Tisch fallen. Die finden wir einfach nur schön. Und vielleicht macht in Ausnahmefällen auch Braun glücklich. Auch wenn das echt schwer zu glauben ist.

7. Sicherheit macht glücklich

Zum kompletten Glücksempfinden eines Wanderers gehört auf jeden Fall auch der Sicherheitsaspekt. Dr. Brämer hat herausgefunden, dass es fast so scheint, »als würden mit dem Verlassen der sicheren Zivilisationsfestungen unsere urtümlichen Sicherheitsinstinkte und -bedürfnisse remobilisiert«. Der Mensch ist ja evolutionär gesehen wie das Pferd ein Fluchttier und hat auch Angst im Dunkeln. Bis heute wird gestritten, ob das Feuer als Wärmequelle erfunden wurde oder ganz einfach, weil die menschliche Spezies ein derartiger Schisser ist. Über das Gekreische von Jugendlichen im Wald bei einer nächtlichen Wanderung habe ich ja bereits geschrieben. Es rührt daher, dass die Kinder Angst haben. Große Angst. Und diese, man kann schon fast sagen, Urangst, bekämpfen die Heranwachsenden mit Gesängen und Geschrei. »Obwohl keine Angriffe von Bären und Wölfen zu fürchten sind, und auch menschliche Überfälle gerade dort unwahrscheinlicher als anderswo sind, macht sich kaum jemand nachts auf den Weg zum Wandern«, sagt Rainer Brämer. Aus dem gleichen Grund sammeln kleine Kinder bei jeder Wanderung Stöcke am Wegesrand. Sie wollen nicht Ritter spielen, sondern sich ganz einfach verteidigen, haben sie doch gesehen, dass ihre Eltern leichtsinnigerweise unbewaffnet in die Natur aufgebrochen sind.

Aber auch Erwachsene wandern nicht so gerne nachts, vor allem nicht allein. Und sollten sie einmal in einer Gruppe durch die Nacht wandern, bleiben sie alle schön zusammen. Herdenverhalten. Wieder Brämer: »In besonders dunklen Waldpassagen passiert es immer wieder, dass Wanderer auf ihre kaum ausmachbaren Vorderleute auflaufen.« Ein lustiges Bild, wenn sich die Wanderer ständig in die Fersen treten.

Der Sicherheitsaspekt beim Wandern ist aber nicht nur im Dunkeln relevant. Die meisten Frauen können sich nicht vorstellen, allein durch Wälder zu marschieren. In kleinen oder großen Gruppen finden sie es nicht nur kommunikativer, sondern auch sicherer. Und sie können so das Wanderglück wirklich erleben oder genießen.

Selbst die Tourenplanung ist meistens einem unbewussten Streben nach Geborgenheit und Sicherheit geschuldet. Der Standardwanderer plant seine Ein-Tages-Tour von Ortschaft zu Ortschaft, von Zivilisation zu Zivilisation. Zwischendurch grüne Wiesen und hohe Wälder, alles wunderschön, aber man ist doch eigentlich froh, wenn man wieder im Wirtshaus einkehren kann, um die Kilometer in den Beinen zu spüren und die Wanderung noch mal Revue passieren zu lassen. War doch toll, oder? Und wo wandern wir das nächste Mal? Aber wahrscheinlich ist der

Wanderer einfach froh, der wilden Natur mal wieder heil und unbeschadet entkommen zu sein. Brämer schreibt dazu: »Vielleicht erklärt sich so auch der eigentümliche Sachverhalt, dass Wanderer nicht gerne ›Umwege‹ machen, obwohl doch ihre keinem notwendigen Verbindungszweck dienende Wandertour genau genommen einen einzigen Umweg darstellt.« Wie recht der Mann da hat. Wie oft habe ich schon bei einer Wandertour den kleinen Schlenker zur Burgruine, zur Aussichtskanzel, zur Jahrhunderteiche gescheut. Es lag ja nicht am Wegesrand. Und ich hatte mir doch eine bestimmte Tour vorgenommen. War ich denn etwa zum Spaß hier? Also weiter, ich bin doch nicht zum Umwege machen im Wald. Wandern macht glücklich, wenn man aber eine Wanderung überlebt hat, macht das noch viel glücklicher.

8. Der richtige Geruch und Sound machen glücklich

Bislang habe ich einiges angeführt, was nach Expertenmeinung den Wanderer glücklich macht. Die meisten Kriterien waren optisch. Schlängelt sich der Weg? Sehe ich einzelne Bäume? Wie viele Wolken sind am Himmel? Sehe ich auch keine Atommeiler? Auch in den Forschungen zur Naturpsychologie geht es ausschließlich um das Sehen. Den Probanden, umgangssprachlich Versuchskaninchen, werden Dias gezeigt, nach denen sie entscheiden sollen, welche Landschaften sie als schön empfinden und welche sie weniger mögen.

Ich verkünde gewiss keine Neuigkeit, wenn ich darauf hinweise, dass der Mensch generell über weitere Sinne verfügt. Zunächst riechen wir sehr gerne und der Geruchssinn ist ungemein wichtig, denn wenig ist schlimmer als ein fieser Geruch. Und es gibt Wanderwege, die riechen gut. Nach Nadeln, nach frischem Regen, nach Sonnenstrahlen. Es gibt aber auch Wanderwege, die stinken. Woran das liegt, vermag man oft gar nicht zu sagen. Natürlich könnte eine Industrie-Anlage um die Ecke liegen, die wir zwar nicht sehen, aber durchaus olfaktorisch zuordnen können. Aber es gibt auch natürliche Gerüche, die nerven. Dazu zählen Verwesungsgerüche genauso wie die Schweinegülle-Düngung vieler Landwirte. Und ich finde, wenn es nach langer Trockenheit erstmals wieder regnet, stinkt es ganz furchtbar in der Natur – nach sehr, sehr lange nicht mehr gewaschener Unterhose. Das kann man natürlich nicht so gut untersuchen und zertifizieren wie optische Kriterien. Weil eben ein und derselbe Weg je nach Witterung, Jahreszeit und Felderwirtschaft unterschiedlich riecht.

Was man aber auf jeden Fall stärker in die Bewertung von Wanderwegen einfließen lassen sollte, ist die akustische Qualität von Wandergebieten. Lärm ist einem genussvollen Naturempfinden nicht zuträglich. Am schlimmsten ist der Verkehrslärm, speziell der von Autos, noch spezieller der von Autobahnen. Ich bin zuletzt auf einigen Premiumwegen unterwegs gewesen, auf denen man die Autobahn zwar nicht sehen konnte, aber akustisch waren die sechs Spuren dauerhaft präsent.

In vielen deutschen Mittelgebirgen ist man, vor allem unter der Woche, dem infernalischen Lärm von tiefliegenden Düsenjägern schutzlos ausgeliefert. Ob es überall gleich schlimm ist, vermag ich empirisch nicht zu beurteilen. In der Eifel und im Hunsrück üben unsere amerikanischen Freunde ständig in ihren pfeilschnellen Spielzeugen. Sausen die aber auch über der Sächsischen Schweiz und dem Bayerischen Wald? Es sollte einen Atlas der Düsenflieger-übungsgebiete Deutschlands geben, an den sich der Wanderer halten kann.

Und auch Eisenbahnlärm ist gar nicht mal so ohne. Wer einmal auf dem Rheinsteig einen Güterzug mit 50 Waggons durch das Rheintal rattern hörte, weiß, wovon ich spreche. Deutsche Flusstäler sind sowieso sehr anfällig für Verkehrslärm. Ob Elbe, Neckar oder Mosel, ob Lahn oder Main, überall rumpelt und rauscht es. Als ich unlängst an der Saarschleife unterwegs war, merkte ich, dass etwas fehlte. Es war das Grundgeräusch des Verkehrs. Das Gefühl war unbeschreiblich. Schön.

Neuesten Untersuchungen zufolge ist allerdings für das subjektive Lärmempfinden ein hoher Dezibelwert nicht notwendig. Denn Lärm hat vor allem eine spezielle soziale Komponente. Wenn die Vögel laut zwitschern, der Wasserfall und die Baumwipfel rauschen, dann finden wir das schön. Wenn aber neben uns in der U-Bahn die Sekretärin per Handy angewiesen wird, die Strategievorlage für das Meeting am Nachmittag noch einmal zu bearbeiten, nervt das so, dass man töten möchte. Auch Streitgeräusche und übertriebenes Lachen kann einem den letzten Nerv rauben. Für alle die, die den Handyquatschern ein paar Stunden entfliehen wollen, ist eine Wanderung ideal. Denn nur die hartgesottensten Mobilfunk-Junkies quasseln auch auf ihren Wanderungen. Im Zweifelsfall kämen sie gar nicht auf die Idee zu wandern. Denn in den Gegenden, wo es wirklich schön ist, gibt es keinen Handy-Empfang.

9. Das spezielle Glückserleben

Warum Wanderer so glückliche Menschen sind, oder vielmehr, wie man einen Wanderer glücklich machen kann, dafür habe ich einige Beispiele aufgezählt. Aber wie macht sich dieses Glück eigentlich bemerkbar, wie bricht es durch? Leise, mit Herzklopfen und einer Ausschüttung von Endorphinen? Oder laut durch Jodeln, Singen und Kreischen? Das ist wahrscheinlich ziemlich individuell. Von einer sehr individuellen Glücksäußerung möchte ich im Folgenden berichten.

Ich war im Saarland unterwegs. Ich wanderte entlang der ehemaligen bayrisch-preußischen Grenze und war nicht mehr weit von meinem Zielpunkt entfernt. Es war Ende Februar und die ersten Boten des Frühlings machten sich nach einem grimmigen Winter bemerkbar. Die Sonne schien und es war angenehme elf Grad warm.

Plötzlich kreuzte ein Hund meinen Weg. »Na du kleiner Racker«, sprach ich voll Güte zu ihm, »wo ist denn dein Herrchen geblieben?« So einen Quatsch habe ich natürlich nicht erzählt, ich verfluchte vielmehr den säumigen Besitzer, der nicht zu sehen war und seinen Fiffi unangeleint herumlaufen ließ. Der kleine Mischling umtänzelte meine Beine und bellte mich an. Na ja, wird schon nicht beißen, dachte ich, Hunde, die bellen und so weiter, alles ungefährlich. Ich ging weiter und dann sah ich das jugendliche Herrchen des Hundes. Er hatte es sich an einem Baum am Wegesrand sitzend bequem gemacht. Er war dabei aber sehr aktiv. Um es kurz zu machen: Er lehnte an einer Buche und wedelte sich einen von der Palme.

Ich versuchte mich durch Wandernebengeräusche wie lautes Über-den-Boden-Schlurfen bemerkbar zu machen. Als der Onanist dies hörte, sprang er wie von der Tarantel gestochen auf und lief hangabwärts um sein Leben. Oder anders ausgedrückt: Er nahm seine Beine in die Hand, nachdem er zuvor etwas anderes in die Hand genommen hatte. Dabei drehte er sich gar nicht mehr um, denn ich hätte ja auch sein Gesicht in der Kartei der Sittenpolizei, Abteilung »Masturbierende Jugendliche am Wanderweg«, identifizieren können. Der junge Mann lief also, als wäre ihm der Leibhaftige erschienen. Ein bisschen Verständnis muss man schon haben. Da will man es in Gedanken gerade Paris Hilton oder Shakira mal so richtig … und dann wandert der Andrack um die Ecke.

Der Hund schaute mich nur komisch von unten an. Er war irritiert, irgendetwas war anders heute als sonst beim Gassigehen. Dann rannte er den Hang hinunter, seinem von Frühlingsgefühlen besessenen Herrchen hinterher … Da hatte ich einem das Wanderglück ordentlich vermasselt.

10. Glücks-Fazit

Wandern macht glücklich. Die Bewegung, die Luft, die Farben, Formen und Besonderheiten der Landschaft machen uns glücklich, versetzen uns in eine Art vorindustriellen Hormonrausch. Wir Wanderer haben einen ganz entscheidenden Vorteil im Vergleich zu unseren Vorfahren. Wir erleben Landschaft und Natur nicht als feindlich, müssen ihr nicht mühsam das tägliche Brot zum Leben abgewinnen. Nein, wir können in unserer Freizeit die frische Luft und die Aussichten genießen. Natur hat sich, um es etwas soziologischer zu formulieren, vom Produktivitätsmedium zum Freizeit- und damit Glücksmedium gewandelt. Der Wald ist ein Stimmungsheber, man wird konzentrierter, fitter im Kopf, ausgeglichener, unverkrampfter, frischer und Ängste werden einem genommen. Ehrlich, das sagen die Natursoziologen. Mark Twain schrieb: »Diese erhabenen Wälder und die Empfindungen, die sie einem einflößen, lassen sich letztlich nicht beschreiben. Eine dieser Empfindungen jedoch ist eine tiefe Zufriedenheit und eine andere ein übermütiges jungenhaftes Entzücken und eine dritte, stark hervortretende ist das Gefühl, die Werktagswelt weit zurückgelassen zu haben und von ihrem Getriebe vollkommen losgelöst zu sein.«

Früher griff man, wenn man sich entspannen wollte, nach einer Zigarette. Das HB-Männchen (»Wer wird denn in die Luft gehen?«) wurde zum Sinnbild der Ruhe, die vom blauen Dunst ausgehen sollte. Diese Zeiten sind vorbei, Rauchen ist mega-out. Stattdessen muss man zur Entspannung wandern. Am besten auf den schönsten Wegen, den Premiumwegen, um das vollkommene Wanderglück zu genießen. Das Wandern wird so zur Entspannungszigarette der Gegenwart.

Man könnte auch sagen, dass beim Wandern die Wende weg vom Wachstumskurs schon längst vollzogen wurde. Während noch allerorten, vor allem in der Politik, das wirtschaftliche Wachstum als Allheilmittel gefeiert wird, schlendern schon immer mehr »neue« Wanderer glücklich durch die Wälder und Felder der deutschen Mittelgebirge.

Hochleistungsklettern im Hochgebirge und Kilometer-
fressen beim Leistungswandern sind bei der Mehrheit nicht
mehr angesagt. Man entspannt sich lieber und holt sich
seine legale Glücksdroge beim Wandern. Weniger ist mehr
und macht auch noch glücklich. Was will man mehr? Und
vielleicht greift dieses neue Wanderbewusstsein ja auch auf
andere gesellschaftliche Bereiche über? Immer mehr Intellektuelle predigen, dass wirtschaftliches Wachstum endlich
ist und nicht alle unsere Probleme lösen kann. Entschleuni-
gung, Down-Shifting sind die neuen Schlagwörter. All das
lebt der Wanderer vor und findet das Glück.

In diesem Zusammenhang fand ich eine Zukunftsvision
von *Wandermagazin*-Chefredakteur Michael Sänger sehr
hübsch. Er prophezeit, dass Ballungsräume, sogenannte
Metropolregionen wie beispielsweise Rhein/Ruhr oder
Rhein/Main Bewegungsräume aktivieren müssten. Das
heißt, dass diese Megacitys sich quasi Wanderkolonien halten sollten. Zum Arbeiten, Wohnen, Einkaufen halten wir
deine Stadt schön sauber – und damit du Glücksgefühle
beim Wandern tanken kannst, kooperieren wir mit Eifel/
Hunsrück/Taunus, damit du auch etwas vom Leben hast.
Warum nicht? Glücksreservate für die arbeitende und steu-
erzahlende Bevölkerung. Eine schöne Utopie vom neuen
Wanderglück.

Die Gretchenfrage des Wanderns –
Nun sag, wie hast du's mit dem Pilgern?

In Goethes *Faust* stellt das Gretchen dem Faust die Frage, wie er es denn mit der Religion halte. Die Gretchenfrage des Wanderns lautet: Pilgern oder nicht Pilgern. Ich bin schon in zahllosen Interviews gefragt worden, wann ich denn nach Santiago de Compostela pilgern würde. Ich antwortete dann: Wahrscheinlich nie, mir geht die spirituelle Komponente ab. Aber dass ich persönlich eine Pilgertour zum heiligen Jakobus ausschließe, ist natürlich kein Grund, das Phänomen Pilgern nicht zu beleuchten.

Eines ist mir bei meinen Pilgerstudien sofort klargeworden: Pilgern braucht ein Ziel. Um es pathetisch zu formulieren: eine Mission. Der »normale« Genusswanderer bevorzugt Rundwanderwege. Das ist schön praktisch, weil man immer zum Ausgangspunkt zurückkehrt, wo im Zweifelsfall das Auto steht. Damit mag sich der Pilger nicht zufriedengeben. Wie der Fußballfan zum Stadion pilgert, pilgert der Gläubige zu einem Kloster, einer Kirche, einem Heiligen.

Damit wäre zwar der grundlegende Unterschied zwischen Wandern und Pilgern benannt, aber es bleiben Fragen. Sind Pilger überhaupt Wanderer? Heißt es eigentlich Pilger oder Pilgerer? Und Wallfahrer, sind das auch Pilger oder gehören die zu einer eigenen Spezies? Wie hat sich das Pilgern historisch entwickelt? Muss ich selber den Pilgerweg gehen, oder kann ich das vielleicht sogar delegieren? Was treibt diese Menschen auf die – zumeist heißen und staubigen – Wege? Warum erlebt Pilgern seit den 1990er-Jahren einen solchen Boom, und warum schreiben viele Autoren (Paulo Coelho, Hape Kerkeling) erst in den letzten Jahren über ihre Pilgerreisen?

Antworten finde ich bei Detlev Lienau, Autor des Buches *Sich fremd gehen. Warum Menschen pilgern.*

Historisch beginnen die Wallfahrten mit den Kreuzzügen. Junge Adlige in Mitteleuropa dachten sich, och, machen wir mal eine Wallfahrt zur Heiligen Stadt. Und wenn wir schon da sind, können wir dem Muselmanen noch einen überbraten. Ist politisch nicht korrekt, und hört sich lustiger an, als es war. Blutig bleibt das Wallfahren bis in die Franco-Zeit, denn der heilige Jakobus galt nicht nur als Pilger, sondern auch als Maurentöter. In den letzten Jahren litten Pilger höchstens unter blutig gelaufenen Blasen, das Schwert bleibt daheim.

Auf Dauer stellte sich aber heraus, dass Jerusalem vor der Erfindung des Charterflugs ganz schön weit weg war und es noch keine Reiseversicherungen gab, die für Verstümmelung und Tod während der Wallfahrt aufkamen. Also ging man nach Rom, oder, ab dem 12. Jahrhundert, nach Santiago de Compostela. Den Jakobsweg darf man sich nicht markiert und definiert wie heutzutage vorstellen. Der Pilger orientierte sich an den Handelsströmen und folgte den Hauptverkehrswegen. Unterstützt wurde er bei der Pilgerei allerdings von den nordspanischen Königreichen, die eine frühe touristische Wirtschaftsförderung betrieben und Herbergen, Wege und Brücken bauten. Letztere waren wichtig, galt doch der spanische Fährbetrieb durchaus als Sicherheitsrisiko. Da die Schwimmfähigkeiten des mittelalterlichen Menschen eher übersichtlich waren, luden manche Fährmänner das Boot so voll, dass dieses kenterte und sie den toten Pilgern Hab und Gut stehlen konnten. Wie Chris de Burgh schon sang: »Don't pay the ferryman ...«

Man muss aber nicht glauben, dass da nur heilig-fromme Pilgerlämmer auf dem Weg nach Compostela waren. Viele Schwerverbrecher, Bettler, säumige Schuldner wurden einfach mal mit einer mehrjährigen Pilgerfahrt von ihren heimatlichen Gerichten und Gemeinden in Deutschland bedacht. Nach dem Motto: Dann sind die erst einmal aus den Füßen und wenn sie auf den richtigen Fährmann treffen, kommen sie gar nicht mehr wieder.

Detlev Lienau hatte mir in seinem Buch einen schönen Grundkurs in »Pilgerkunde« gegeben, doch ich wollte mehr wissen. Also traf ich mich mit dem Autor in einer riesigen Messehalle während des Ökumenischen Kirchentags 2010 in München. Peinlich war, dass ich zunächst ständig vom »Pilgerer« sprach und Herr Lienau mich korrigieren musste: Es heißt, bitteschön, »Pilger«. Schlimm, ich bin eben total verseucht, da ich ständig vom »Wanderer« sprechen muss. Also merkte ich mir: Wand-er-er mit doppeltem Pronomen, Pilg-er mit nur einem: Könnte man das nicht vereinheitlichen? Und ab heute einfach »Wander« sagen? Ich fürchte, dass da eine neue Rechtschreibreform nötig sein wird.

Lienau erzählte, dass alle Pilger auf dem Jakobsweg quasi das Gleiche erleben. Jeder denkt nur, er würde ein sehr individuelles spirituelles Erlebnis haben. Tatsächlich kann man die meisten persönlichen Pilgerbeschreibungen ganz genau so bei Kerkeling nachlesen. Und der hat merkwürdigerweise genau das Gleiche erlebt, wie es Shirley McLaine beschreibt, und die hat vieles genauso wie Paulo Coelho gesehen und empfunden. Nicht, dass die alle wirklich voneinander abgeschrieben haben, aber es gibt eben auch so etwas wie eine Pilgerhermeneutik: Zur Vorbereitung der Pilgerreise liest der ordentliche Pilger jede Menge Pilgerliteratur. Und wenn er dann von seiner eigenen Pilgerei berichtet, ähnelt das zum Verwechseln den angelesenen Gefühlen und Ereignissen. Böse Menschen könnten nun sagen, dass man sich das ganze Gepilgere dann auch gleich schenken kann, es reicht ja anscheinend, einfach ein gutes Buch über den Jakobsweg zu lesen. Der Wanderführer und Kartograph Heinz Muggenthaler (siehe auch Kapitel »Die Wanderung des Kartographen«) hatte mir erzählt, dass er auch Wallfahrten organisiert. Was, so fragte ich ihn, sei denn der Unterschied zwischen Wallfahrern und Pilgern? Er schnaubte verächtlich und sagte, dass jeder Wallfahrer auf die Pilger herabschaut, denn der wahre Weg zu Gott führe nun mal nur über eine Wallfahrt, Pilgern sei, so denkt der Wallfahrer, Klimbim. Auf einer Wallfahrt ist man immer in einer Gruppe, Pilgern kann man auch allein. Beim Wallfahren wird in der Regel nonstop gesungen oder der Rosenkranz gebetet, beim Pilgern darf man auch stumm bleiben. Detlev Lienau bestätigte diese Einschätzung des bayrischen Wanderführers. Für ihn ist das Wallfahren rhetorisch strukturierter, stärker geführt, stärker in einen Rahmen eingebunden.

Und es ist eindeutig altkatholisch. Im Gegensatz dazu ist das Pilgern individualistischer, postmoderner, experimenteller, jeder »bastelt« sich sein persönliches Pilgerglück. Und es wird eben auch zunehmend von evangelischen Gläubigen praktiziert, völlig gegen den Rat ihres »Religionsgründers« Luther. Doch dazu später mehr.

Trotzdem sind die Motive des Pilgers und des Wallfahrers ähnlich, der wirklich große Unterschied besteht zum Wandern. Wanderwissenschaftler Dr. Brämer hat herausgefunden, dass es fundamentale, um nicht zu sagen fundamentalistische Unterschiede zwischen Wandern auf der einen Seite und Pilgern/Wallfahren auf der anderen Seite gibt. Während für das Wandern als Hauptgrund immer wieder der Aufenthalt und das Erleben in der Natur angegeben wird, ist das fürs Pilgern gar nicht so wichtig. Der Pilger nimmt es gern auf sich, drei Stunden an einer viel befahrenen Landstraße entlangzugehen, da er einen Hang zur Quälerei und Selbstgeißelung hat. Pilger haben in Umfragen angegeben, dass sie keine Berge mögen, quälen sich aber durchaus über die Pyrenäen, um nach Compostela zu gelangen. Brämer schreibt wörtlich: »Der Genuss am Wandern kann durchaus sekundär sein, in extremen Fällen bringt Wandern noch nicht einmal Spaß. Nicht wenige Pilger sind wanderungewohnt, die Orientierungsfähigkeit ist weniger ausgebildet, Verlaufen wird hingenommen.« Ein Wunder, dass der eine oder andere Pilger tatsächlich Compostela erreicht.

Es geht sogar so weit, was mir auch Wallfahrer Heinz Muggenthaler bestätigt hat, dass Pilger und Wallfahrer eigentlich das Wandern als Tätigkeit hassen. Nie im Leben kämen sie auf die Idee, »freiwillig« und nur so zum Spaß einen Fuß vor den anderen zu setzen. Aber das gemeinsame spirituelle Erleben schweißt die Wallfahrer und die Pilger zusammen, lässt sie schlechte Wege, schlechtes Wetter und schlechte Laune vergessen.

Wenn es wirklich so ist, dass viele Pilger eigentlich gar keinen Bock auf das Wandern haben, könnte man auf die Idee kommen, dass es ganz schlau wäre, die ganze Pilgerei einfach zu delegieren. Und tatsächlich bietet ein gewisser Carlos Gil aus Portugal sich als Auftragspilger an. Für eine zweiwöchige Pilgerreise von Lissabon nach Fatima nimmt er 2500 Euro, akzeptiert alle Zahlungsweisen – Bargeld, Scheck, Kreditkarte, Überweisung. Laut Gil ist der Portugiese mental anders gestrickt als zum Beispiel der Deutsche. »Für uns ist das Pilgern ganz einfach das Überwinden einer Strecke, an deren Ende wir Gott um etwas bitten. Warum sollte man das nicht delegieren können?« Es gäbe schließlich auch die Möglichkeit, so seine Argumentation, Glückwünsche nicht persönlich zu überbringen, sondern per Karte vom Briefträger ausliefern zu lassen.

Bleibt noch von einem Mann zu berichten, der die Verbindung von Religion und Wandern auf die Spitze treibt. Wenn es nach Klaus Nagorni, Akademiedirektor der Evangelischen Akademie Baden, geht, dann ist die ganze Bibel ein Wanderbuch und Jesus der Wanderer par excellence. Eine schöne, steile These.

Ende der 1980er-Jahre war Nagorni Tourismus-Pfarrer auf Mallorca. Wie man an einen solchen Job kommt? Man bewirbt sich und wird dann ausgewählt, so einfach ist das. In Mallorca hatte Nagorni mit zwei Zielgruppen zu tun. Zum einen mit den Touristen, die sich nach Ballermann, Sangria und Abfeiern mit Jürgen Drews auf einer Wandertour mit einem Tourismus-Pfarrer erholten. Die zweite Zielgruppe bestand aus den sogenannten Residents, den Deutsch-Mallorquinern. Von Ruheständlern bis zu den Glücksrittern, die sich mit einer urwüchsigen Bar oder einer Kakteen-zucht selbstständig gemacht haben.

Man könnte das, was Klaus Nagorni auf Mallorca ge-macht hat, auch als Wanderseelsorge bezeichnen. Denn neben Gottesdiensten hat Nagorni immer wieder und immer öfter Wandertouren über die Insel mit »Spirituellen Oasen«, wie er das nennt, veranstaltet. Pilgern möchte er das nicht nennen, denn zum Pilgern gehört ein erprobter, historischer Weg, ein Pilgerweg, eben Jakobsweg und Kon-sorten.

Nein, das, was man auf Mallorca, im deutschen Mittel-gebirge und allen anderen Wanderdestinationen der Welt erleben kann, ist eine Landschaftserfahrung, die durchaus spirituell sein kann. Die Schönheit der Natur, ein wunder-schöner Wanderpfad, der Übergang von Tag zu Nacht, ein aufregender Sonnenaufgang. Die einen sagen dazu Glück des Wanderers, Leute wie Nagorni reden eher vom »Stau-nen über die Größe der Schöpfung«.

Seit Jahrhunderten gilt das Pilgern als zutiefst katholische Angelegenheit. Martin Luther empfahl hingegen, lieber nicht nach Compostela zu pilgern, weil »sant Jacob oder ain todter hund oder ein todts roß da ligt«. Der Wittenberger traute dem Reliquien-Zauber der Katholiken eben nicht über den Weg. Und so riet er seinen Schäfchen: »las raisen, wer da will, blaib du dahaim«.

Das gilt heute nicht mehr, und auf dem Jakobsweg nach Compostela trifft man auf viele Protestanten, die nicht »dahaim« bleiben. Gerechtfertigt scheint das wiederum ganz im evangelischen Sinne durch die Bibel. Denn, so die These von Klaus Nagorni, die Bibel sei ein Wanderbuch und Jesus der größte Wanderer aller Zeiten.

Ich nenne diese These der Einfachheit halber die 96. protestantische These, die Luther einfach vergessen hatte, an die Wittenberg'sche Kirchentür zu nageln.

Belege in der Bibel gibt es schließlich zuhauf. Schon in der Genesis fängt es – wie immer – an, wenn Adam und Eva aus dem Paradies auswandern müssen. Hätten sie sich mal vom Wanderproviant ferngehalten, würden sie noch heute dort hocken – und die Menschheit wäre nicht zum Wandern gekommen. Auch Moses wandert mit einem ganzen Volk durch die Wüste ins Gelobte Land und so weiter und so fort – es sind immer die gleichen Geschichten vom Weggehen und Ankommen, die sich durch das Buch der Bücher ziehen.

Und dann kommt Jesus und wandelt als Sohn Gottes auf der Erde. Jesus sagt: »Die Füchse haben Gruben, und die Vögel unter dem Himmel Nester, aber der Menschensohn hat nichts, wo er sein Haupt hinlege.« Der Messias als wandernder Vagabund. Als ihm die Flucht vor Herodes nahegelegt wird, meint Jesus: »Ich muss heute und morgen und am folgenden Tage noch wandern.« Jesus schickt seine Jünger auf die Wanderschaft, betont aber, sie sollten ohne Wanderstab gehen. Daher wird die Jesusbewegung von

dem Theologen Gerd Theißen tatsächlich als »Gruppe cha-
rismatischer Wanderprediger« bezeichnet. In der Emmaus-
Geschichte schließlich erscheint Jesus seinen wandernden
Jüngern, die ihn zunächst nicht erkennen. Bei der Einkehr
gibt es ein Abendmahl, und da wird den beiden Jüngern
klar, wer ihr Wegbegleiter war.

Dass der Weg zu Gott eine Wanderung ist, scheinen immer
mehr Gläubige und Nicht-Gläubige anzunehmen. Die
Kirchenaustritte häufen sich, die Kirchenbänke leeren sich,
Knien vor dem Kreuz ist out. Dafür füllen sich die Pilger-
wege, und die spirituellen Wanderungen boomen. Jesus,
der Wandersmann, wird immer mehr zum Vorbild für viele
Christen und Sinnsuchende. Die weniger spirituell moti-
vierten Wanderer, zu denen ich mich auch rechne, machen
hingegen ihre Glückserfahrungen, ohne das Grabmal des
heiligen Jakobus in Santiago de Compostela anzusteuern.
Die einen suchen das Glück, die anderen haben es vielleicht
schon gefunden.

Neujahrswandern oder
Der Wanderer und die Liebe

Nun am Ende, wenn eigentlich schon alles über das Glück erzählt ist, möchte ich von einer ganz besonderen Wanderung erzählen, die, das kann man so sagen, mein Leben verändert hat. Eigentlich war es so wie jedes Jahr, denn die Neujahrswanderung in der Eifel hatte schon Tradition. Vier Mal kann man ja durchaus schon eine Tradition nennen. Wir waren fünfzehn Männer und Frauen, Feriengäste und Einheimische. Ziel war an diesem Neujahr eine Schnapsbrennerei, wo wir zu einer Schnapsprobe erwartet wurden. Ich hatte eine durchaus interessante Strecke ausgewählt. Ausschließlich über unmarkierte Wege, teilweise an Feldrändern entlang und quer durch den Wald. Ich war die Strecke bereits einmal vorgewandert, denn das macht man ja eigentlich so als guter Wanderführer.

Ausnahmsweise ging es pünktlich um 11.30 Uhr los. Ehrlich gesagt, war ich in den letzten Jahren immer derjenige gewesen, der sich am Neujahrsmorgen verspätet hatte. Nach einer Stunde durch den Wald führte uns der Weg an einer Votivkirche vorbei. Dort bat man die Jungfrau Maria um alles Mögliche. Eine Frau hatte in das ausliegende Buch geschrieben: »Maria, hilf, dass mein Sohn eine Frau findet.« Eine herzlose Seele hatte darunter geschrieben: »So ein Quatsch, Frauen gibt es doch wie Sand am Meer.«

Um die Mittagszeit machten wir Rast auf einer Anhöhe

mit Rollmops (gegen den Kater), Glühwein (gegen die Senkung des Alkoholpegels) und drei Kilo Nudelsalat (gegen den Hunger).

Am frühen Nachmittag, nach neujahrskompatiblen elf Kilometern Wanderung, erreichten wir die Schnapsbrennerei. Dort lernten wir, die Nelchesbirne von der Williamsbirne zu unterscheiden und kosteten hervorragende Mirabellen- und Schlehenbrände. Maja war nach der Schnapsprobe etwas enttäuscht. Nicht vom Hochprozentigen. Sie war erstmals mitgegangen und hatte erwartet, dass man nicht zurückfährt, sondern zu Fuß geht. Wanderwillige soll man nicht enttäuschen, und so bot ich mich als wegekundiger Wanderführer an, mit ihr zusammen in der Dunkelheit zurückzugehen, während alle anderen Taxis bevorzugten. Und dann wanderten wir zu zweit zurück. Es schienen keine Sterne am Himmel, es war bedeckt. So viel zur Romantik. Der Feldweg aus Asphalt zog sich wie ein langes silbriges Band entlang des schmalen Flusses. Und noch nie bin ich so gerne auf festem Untergrund gegangen. Wir redeten. Weniger über Gott, aber viel über die Welt. Und wir schwiegen. Und gingen. Und seit dieser Neujahrsnachtwanderung weiß ich, dass Wandern nicht nur verdammt glücklich machen kann. Beim Wandern kann man sich auch verlieben.

Bewertung

Glücksfaktor	★★★★★
Erlebnisfaktor	★★★★
Abenteuerfaktor	★★
Sicherheitsfaktor	★★★
Sportfaktor	★
Abwechslungsfaktor	★★★★★
Verliebtheitsfaktor	★★★★★

Dank

Ich möchte Anne Schönharting für die Fotos von der Unstrut, Matthias Jung für die Fotos aus der Sahara und Martin Kunze für die Mallorca-Fotos (eines ziert den Titel) danken. Ich danke Michael Sänger vom *Wandermagazin* und Karin Hünerfauth-Brixius von der Rheinland-Pfalz-Touristik für ihre großartige Unterstützung. Großer Dank gebührt natürlich auch Dr. Rainer Brämer und Klaus Erber vom Deutschen Wanderinstitut. Ich danke Ute Dicks vom Deutschen Wanderverband, Dr. Freerk Baumann von der Sporthochschule Köln und Charlotte Josefus von Wikinger Reisen für ihre Geduld. Dank an Detlev Lienau und Klaus Nagorni für interessante Einblicke in die Seele des Pilgerns. Ich danke Richard Haussmann und den anderen Wanderfreunden von der Schwäbischen Alb, zu denen ich auch Armand Ducornet zähle. Für's Mitwandern bedanke ich mich bei Thorsten Hoyer, Dietmar Kappe, Heinz Muggenthaler und Daniel Neuhöfer.

William Boyd

»*Ein furioser Thriller!*« Die Welt

William Boyd
Einfache Gewitter

Wie überlebt ein Mensch, dem mit einem Schlag alles genommen wird, der sich aller äußeren Sicherheiten entkleidet sieht, der sich verbergen und, ganz auf sich allein gestellt, irgendwie weiterleben muss? Für den Klimatologen Adam Kindred wird dieser Alptraum plötzlich Wirklichkeit, als man ihn eines Mordes bezichtigt, den er nicht begangen hat …

»Ein fulminanter Roman.« *Literaturen*

Berliner Taschenbuch Verlag
Weitere Informationen: www.berlinverlage.de

Robert Williams

»*Ganz echt, sehr klug, einfach großartig.*« Der Stern

Robert Williams
Luke und Jon

Luke ist dreizehn, als seine Mutter stirbt. Sein Vater kann sich das Haus nicht mehr leisten und zieht mit ihm in eine Kleinstadt im Norden. Lukes Vater lässt sich gehen, und Luke vermisst seine Mutter jeden Tag mehr. Da lernt er Jon kennen, einen Nachbarsjungen und Außenseiter wie er. Luke und Jon werden Freunde, auch Lukes Vater findet ins Leben zurück, und die drei werden zu so etwas wie einer kleinen Familie. Bis eines Tages das Jugendamt auf die Verhältnisse bei Jons Großeltern aufmerksam wird.

»Eine der besten Jugendbuchgeschichten, die in letzter Zeit geschrieben wurden. Warm und weise, nicht gefühlig und besserwisserisch.« *KulturSpiegel*

Berliner Taschenbuch Verlag
Weitere Informationen: www.berlinverlage.de

Ljudmila Petruschewskaja

Für alle, die genug von Vampiren und Werwölfen haben!

Ljudmila Petruschewskaja
*Es war einmal eine Frau, die ihren
Mann nicht sonderlich liebte*

Die russischen Schauergeschichten von Ljudmila Petruschewskaja führen mitten hinein in die Welt des Unheimlichen, Schaurigen, Monströsen. Sie verbinden Alltägliches mit Absurdem und sind dabei vor allem eines: unendlich komisch. Neunzehn eigens für diesen Band zusammengestellte Geschichten zum Entdecken und Wiederentdecken
der großen Autorin!

»Wenn es auch nur einen Funken Gerechtigkeit auf dieser Welt gibt, wird dieses Büchlein als das gewürdigt, was es tatsächlich ist: ein Glanzpunkt moderner Literatur.« *Elle*

Berliner Taschenbuch Verlag
Weitere Informationen: www.berlinverlage.de